AF571215

Pour un renouveau de la psychothérapie. Mutations

Psycho - logiques

Collection fondée par Philippe Brenot
et dirigée par Alain Brun

Sans exclusives ni frontières, les logiques président au fonctionnement psychique comme à la vie relationnelle. Toutes les pratiques, toutes les écoles ont leur place dans Psycho - logiques.

Déjà parus

Ahmed CHANNOUF, *Les freins invisibles à l'égalité des chances*, 2010.
Pascal COULON, *Les groupes d'entraide. Une thérapie contemporaine*, 2009.
Samuel GONZALES PUELL, *Comprendre les déficiences intellectuelles sévères et profondes. Approche diagnostique et évolutive à l'âge adulte*, 2009.
Claire METZ, *Absence du père et séparations*, 2009.
Charlotte MARCILHACY, *Productions graphiques et clinique infantile*, 2009.
Lucien TENENBAUM, *La dépression, une épreuve moderne*, 2009.
Luc VANDEN DRIESSCHE, *L'enfant parallèle*, 2009.
Serge BAUMGARTEN, *L'enfant porte-symptôme*, 2008.
Pierre MANNONI, *Psychopathologie de la vie collective*, 2008.
Alain BRUN, *L'échelle d'intelligence de Wechsler. Interprétation clinique et psychopathologique*, 2008.
François PEREA et Jean MORENON, *Les jeux contradictoires de la parole et du corps*, 2008.
Jacques MICHELET, *Handicap mental et technique du psychodrame*, 2008.
Alhoussein DIA, *La psychiatrie au pays des marabouts (Mauritanie)*, 2008.
Bernadette MATTAEUR, *Procréation, IVG et maltraitance*, 2007.
Jean-Curt KELLER, *La méthode thérapeutique de Palo Alto*, 2007.
Colette LHOMME-RIGAUD, *Exils et troubles de la pensée*, 2007.
Giselle HIERSE, *Le féminin et la langue étrangère*, 2007.

Frédéric BRISSAUD

Pour un renouveau de la psychothérapie. Mutations

Du même auteur

Construire des récits de psychothérapie - Vers une autre articulation entre pratique et théorie en Gestalt-thérapie, TheBookEdition, 2007.

5-7, rue de l'École-Polytechnique ; 75005 Paris
http://www.librairieharmattan.com
diffusion.harmattan@wanadoo.fr
harmattan1@wanadoo.fr
ISBN : 978-2-296-11400-5
EAN: 9782296114005

À Anat et Valérie

Remerciements

Cet ouvrage n'aurait pas pu voir le jour sans le soutien et la contribution de nombreuses personnes, qu'elles en soient ici remerciées, en particulier :

- Astrid Alemany-Dusendschön, Marie-France Bourgeais, Eve Gardien, Sophie Pison, Catherine Villemin-Dreyer,
- Mes collaborateurs de l'Institut GREFOR : Claudie Bertrand, Jean-Marie Delacroix, Christine Feldman, Valérie Jacquérioz Brissaud, Agnès Pin-Delacroix et Brigitte Pinat.

SOMMAIRE

CHAPITRE 1 – INTRODUCTION VERS UN NOUVEAU CADRE DE PENSÉE

Le champ des psychothérapies est vaste et riche, foisonnant pour les uns, anarchique pour les autres. Jusqu'à présent sujet de peu de publications scientifiques[1], il est surtout mal connu et propice aux caricatures et aux amalgames souvent partisans et démagogiques.

La recherche de légitimité des psychothérapeutes, la poussée sécuritaire à l'œuvre depuis plusieurs années, la protection des usagers, la lutte contre les charlatans et, sans doute, d'autres raisons plus obscures ont conduit à réglementer l'usage du titre de psychothérapeute, par les articles 52 du 9 août 2004 puis 91 du 24 juin 2009. Cependant, il reste à prouver que ces lois n'ont pas seulement contribué à exacerber le climat de tensions corporatistes opposant psychiatres, psychologues, psychanalystes et « psychothérapeutes ni-ni-ni[2] », mais qu'elles réalisent effectivement leur objectif de protection des usagers et contribuent à réellement clarifier le « champ psy ».

Cet épisode législatif toujours en cours à l'automne 2009 aura eu le mérite de montrer : combien ce champ des psychothérapies est mal connu ; combien les études scientifiques concernant les pratiques psychothérapeutiques sont rares et combien les psychothérapeutes ont sans doute négligé le travail de construction de récits au sujet de leur pratique[3], récits rendus nécessaires par l'impossibilité presque totale d'approcher *in vivo* l'intimité de la situation psychothérapeutique et donc de la connaître « en direct », de visu.

---

[1] Castel P-H. (2004), p. 124-125 ; Champion F. (2008), p. 30 ; Ehrenberg A. (2004a), p. 78.

[2] Psychothérapeutes ni médecin, ni psychologues, ni psychanalyste par ailleurs, donc « psychothérapeutes à titre exclusif ».

[3] Il ne s'agit pas ici seulement d'études de cas cliniques présentant des patients, mais de récits montrant la pratique mise en œuvre par le psychothérapeute.

1. Les psychothérapies : une nébuleuse opaque

Pour un néophyte, public, professionnel de santé non psychique, élu ou autre, l'approche du champ des psychothérapies et des psychothérapeutes est compliquée. Même les personnes en psychanalyse ou en psychothérapie n'ont souvent qu'une idée assez vague des formations des praticiens auxquels elles recourent et de l'approche qu'ils mettent en œuvre[4].

Dans les professionnels « se disant psychothérapeutes », on trouve : des médecins psychiatres, lesquels, malgré les discussions que cette situation soulève, « ne sont jamais obligés d'acquérir la moindre compétence en psychothérapie dans leur cursus de formation »[5] ; des psychologues, dont le cursus universitaire, malgré les polémiques que cela soulève, ne comprend pas de formation spécifique cette pratique[6] ; des médecins généralistes ou spécialistes autre que psychiatres ; des psychanalystes, divisés sur la question de savoir si la psychanalyse est ou non une psychothérapie ; et d'autres identifiés sous l'appellation de « psychothérapeutes ni-ni », parfois issus du secteur paramédical (psychomotricien, kinésithérapeute, orthophoniste) ou social (éducateur spécialisé, assistante sociale). En l'état, ces titres et dénominations ne disent donc strictement rien des formations à la psychothérapie que les professionnels se revendiquant « psychothérapeutes » ont pu suivre.

Dans les nombreuses approches « se disant psychothérapeutiques »[7], on trouve pêle-mêle, et sans espoir d'exhaustivité, des psychothérapies longues, moyennes ou courtes ; des psychothérapies « individuelles », de couple, de groupe ; des psychothérapies historiques (« les » psychanalyses, l'hypnose), les ex-« nouvelles psychothérapies » (Gestalt-thérapie, approche centrée sur la personne, bioénergie), les récentes (Analyse Transactionnelle, PNL), les « modernes » (EMDR, TCC) ; des psychothérapies relationnelles et/ou humanistes, brèves et/ou « orientées solution », autoritaire

[4] Maleval J-C. (2005), p. 234 ; Briffault X., Lamboy B. (2008), p. 105.

[5] Castel P-H. (2004), p. 121 ; Champion F. (2008), p. 60/63/67/68 ; Grosbois P. (2000), p. 48.

[6] Castel P-H. (2004), p. 123 ; Champion F. (2008), p. 60 et 63 ; Grosbois P. (2000), p. 48.

[7] On en dénombre couramment 300 ou 400.

et/ou directives, des techniques à effets psychologiques (sophrologie, kinésiologie, art-thérapie, coaching psychologique), etc. Et les praticiens peuvent mettre en œuvre une approche unique, une approche intégrative (synthèse de plusieurs méthodes), une approche éclectique (plusieurs méthodes sans recherche de synthèse) !

Différentes organisations contribuent à l'organisation du « champ psy », mais aussi à sa complexification. Outre les syndicats de psychiatres, de psychologues, de psychanalystes, de psychothérapeutes, franco-françaises ou européennes voire mondiales, on trouve aussi des « sociétés savantes », généralement centrées sur une méthode psychothérapeutique, les universités de médecine et de psychologie, des instituts privés de formation à la psychothérapie, des associations de défense des usagers, quelques laboratoires de recherche, etc.

Le champ des psychothérapies et des psychothérapeutes ressemble donc à une nébuleuse opaque que la loi règlementant l'usage du titre de psychothérapeute[8], en le réservant aux médecins et aux psychologues, ne contribue pas vraiment à clarifier puisque la pratique reste libre... sous réserve de ne pas se dire psychothérapeute si le praticien n'est pas médecin ou psychologue. Elle ne contribue pas non plus à le rendre vraiment plus sûr tant les diplômes et, y compris les diplômes universitaires, n'ont jamais été un rempart contre les abus ou les dérives[9], sectaires ou autres. En témoignent par exemple les trois grandes épidémies de pathologies ayant déferlé aux États-Unis depuis les années 70 et générées par les psychologues et les médecins : les personnalités multiples, les faux souvenirs et les enlèvements d'extra-terrestres, épidémies aux conséquences sociales et judiciaires dramatiques[10].

Il est donc urgent de se dégager des positionnements corporatistes et polémiques pour contribuer à la compréhension et à la réflexion au sujet des psychothérapies, pratiques thérapeutiques auxquelles le public fait appel de plus en plus souvent.

---

[8] Article 52 du 4 août 2004 modifié par l'article 91 de la loi « Hôpital, patients, santé et territoires » du 24 juin 2009.
[9] Castel P-H. (2004), p. 119.
[10] Maleval J-C. (2005), p. 242-243.

2. La guérison : cadre de pensée dominant et implicite

Les difficultés et la souffrance sont habituellement abordées à partir d'un cadre de pensée, commun et implicite, fondé sur une distinction santé–maladie et dans la visée qui en découle : guérir la maladie pour recouvrer la santé ou, à défaut, aménager au mieux la situation du patient.

C'est bien entendu le cas de la médecine occidentale qui a, depuis des siècles, développé et optimisé les moyens de guérison permettant les pas gigantesques réalisés en matière d'amélioration du confort de vie et d'allongement de sa durée. Mais les médecines parallèles, traditionnelles ou orientales, visent, elles aussi, la guérison même si elles s'appuient sur des définitions différentes de la santé et de la maladie et si elles mettent en œuvre d'autres techniques que celles de la médecine occidentale.

Plus largement, les disciplines s'intéressant au vivant, végétal ou animal, ou aux structures pouvant être considérées comme « vivantes », mettent en œuvre implicitement le même cadre de pensée. Il va de soi qu'un animal ou un végétal peut être malade et faire l'objet d'un traitement visant sa guérison. Il est devenu courant d'entendre qu'une famille, une équipe sportive, une entreprise, une nation ou, plus généralement, un groupe humain est « malade » et que des spécialistes ont été mandatés pour construire et appliquer des « mesures curatives ». De même, il arrive fréquemment d'entendre que, par exemple, une profession, la bourse, un pays, la mer, etc., est « malade » et requiert des mesures pour « recouvrer la santé », et ce, jusqu'à la planète souvent considérée aujourd'hui comme « malade » des activités humaines.

La pertinence évidente de ce cadre de pensée ainsi que sa prégnance dans notre culture ont conduit naturellement à appréhender la souffrance psychique à partir du même point de vue. Il est donc apparu différentes définitions de la santé et de la maladie mentale, plusieurs classifications psychopathologiques et traitements visant à guérir les différentes souffrances et maladies psychiques. Cependant, le recours à ce cadre de pensée pour la vie psychique rencontre plusieurs limites qui seront évoquées dans la suite.

3. Des pratiques thérapeutiques différentes

Au début du siècle dernier, la psychanalyse, fondée par un médecin, Sigmund Freud, a inauguré une position originale en matière de soin psychique. Bien que fondée sur une distinction entre santé et maladie, la norme, pour la psychanalyse, n'est plus la santé, mais la maladie : il est courant d'entendre que tout le monde est névrosé. Par ailleurs, le traitement proposé, la cure psychanalytique, ne vise pas directement la guérison, mais la connaissance de l'Inconscient. La disparition ou l'évolution des symptômes, et donc de la souffrance, est considérée seulement comme un effet « de surcroît » de ce travail de connaissance.

En partie dans le sillage de la psychanalyse et sur le terrain qu'elle avait préparé, différentes approches de psychothérapie[11] se sont développées au milieu du siècle dernier. Certaines de ces approches se fondent clairement sur une définition de la santé et de la maladie et s'appuient sur une classification psychopathologique. Dans de telles approches, seuls les patients diagnostiqués comme « malades » selon les critères de l'approche peuvent légitimement bénéficier d'une psychothérapie.

D'autres approches en revanche, la Gestalt-thérapie par exemple, maintiennent la position apparemment ambiguë inaugurée par la psychanalyse. Elles affirment prendre soin de la souffrance psychique et s'appuient parfois sur une définition de la santé et de la maladie. Mais, en pratique, elles ne visent pas directement la guérison et même travaillent avec des patients qui ne seraient pas nécessairement jugés comme « malades » dans un regard psychopathologique. Les praticiens de ces approches se trouvent souvent en difficulté pour répondre aux questions apparemment légitimes de certains patients et professionnels : Quelles pathologies soignez-vous ? Dans quels délais ? Avec quelle efficacité ?

Ce décalage entre « ce qu'une approche dit faire » et « ce qu'elle fait » n'est pas un problème en soi, c'est même un fait commun à toutes les pratiques, professionnelles ou non, comme en

[11] Le terme « psychothérapie » est à entendre ici et dans cet ouvrage comme le « traitement » de la psyché du patient par la seule psyché du thérapeute, sans recours à une action mécanique, chimique, ou autre.

témoignent les travaux scientifiques mettant en évidence le décalage souvent important entre la réalité d'une pratique et le discours au sujet de cette pratique[12]. En revanche, ce décalage complique la visibilité et la compréhension de ces approches thérapeutiques ainsi que la communication avec les autres acteurs du secteur du soin. Bien que parfois décriées, ces pratiques ont indéniablement une utilité importante et reconnue, notamment par la plupart de ceux qui y ont recours mais aussi par de plus en plus d'études scientifiques.

La légitimité d'une pratique de soin inscrite dans le cadre de pensée dominant, celui de la médecine, est fondée, en grande partie, sur sa capacité à guérir des maladies : une pratique sans effet mesurable de guérison est écartée[13]. En revanche, la légitimité, autre que populaire, des pratiques psychothérapeutiques qui ne s'inscrivent pas dans ce cadre de pensée, reste à construire[14].

4. Les avancées récentes des sciences cognitives

En regard d'autres sciences, la psychologie est une discipline très jeune dont l'objet de recherche est particulièrement complexe. En effet, la vie psychique d'une personne a la particularité de comporter deux pans : le comportement, versant public, observable et enregistrable ; et le vécu, versant privé, personnel et inobservable par les autres[15]. Cette discipline a d'ailleurs souvent oscillé entre ces deux pôles et, depuis peu, des recherches visent à corréler l'observation « extérieure » et le vécu « intérieur ». Au cours des dernières décennies, l'émergence des sciences cognitives[16] s'est accompagnée d'une intensification des activités de recherche

[12] Leplay E. (2006), Mandeville L. (2004), St-Arnaud Y. (2004)

[13] On pensera aux multiples tentatives pour écarter l'homéopathie qui n'a pas pour l'instant conduit à des résultats probants selon les canons des méthodes d'évaluation actuelles.

[14] Champion F. (2005).

[15] Vermersch P. (2000) et (2004).

[16] Les savoirs produits par les sciences cognitives sont des connaissances scientifiques qui ne portent pas d'intention thérapeutique particulière. Ils sont à distinguer des thérapies cognitives ou cognitivo-comportementales, pratiques de soin psychique inscrites clairement dans le cadre de pensée de la guérison.

conduisant à la production de nouvelles connaissances au sujet de la vie psychique et au sujet du développement psychique.

De ces résultats récents, les points suivants sont plus particulièrement retenus : la plasticité cérébrale dénotant la grande capacité de restructuration des neurones et de leurs connexions ; le développement psychique tout au long de la vie, développement devant être considéré comme une suite de réorganisations et non comme une simple accumulation ; la non-conscience comme mode de fonctionnement psychique par défaut et qui affecte tous les domaines de la vie psychique ; et l'interprétation ou la mise en sens permanente du réel ouvrant la question de la construction de sens, notamment dans la dimension sociale de cette construction. Les chapitres suivants reviennent plus en détail sur ces points.

Ces connaissances scientifiques récentes viennent corroborer des connaissances empiriques et des hypothèses utilisées depuis plusieurs décennies par certaines psychothérapies. Elles permettent de comprendre différemment le mode opératoire de ces pratiques et d'en rendre compte à partir d'un point de vue différent et d'un autre vocabulaire, sans pour autant remettre en cause ces pratiques psychothérapeutiques, lesquelles devraient tirer leur légitimité des services qu'elles rendent effectivement bien plus que des représentations auxquelles elles recourent[17].

5. Intentions de l'ouvrage

La thèse principale de cet essai, qui en constitue également le principal pari, est triple.

Elle est tout d'abord de montrer l'existence d'une ligne de clivage radicale, à la fois éthique, anthropologique et épistémologique, en matière d'appréhension et de prise en compte de la souffrance psychique, ligne de distinction qui ne recouvre pas, ou pas exactement, la distinction médical/non médical, et qui ne recouvre

[17] Dans une perspective pragmatique, une pratique fonctionne non pas à cause des représentations sur lesquelles elle est fondée, mais seulement parce qu'elle fonctionne. Dès lors, le travail de théorisation, toujours possiblement multiple, est un moyen de rendre compte de la pratique et de la faire évoluer.

pas non plus, ou pas exactement, les distinctions entre les différentes approches de psychothérapie.

Jusqu'à présent opérante, mais implicite, cette ligne de clivage est explicitée sous la forme de deux paradigmes distincts et irréductibles l'un à l'autre contribuant à un meilleur repérage et à une meilleure compréhension des psychothérapies dans leurs nuances et leurs richesses.

Enfin, l'identification de ces deux paradigmes pourrait contribuer à la recomposition du « champ psy »[18] en alimentant la réflexion au sujet des pratiques psychothérapeutiques qui ne se reconnaissent pas dans le mouvement de médicalisation en cours depuis des décennies.

6. Plan

À partir du cas de la médecine occidentale, le chapitre 2 met à jour quelques lignes directrices du paradigme dominant en matière de prise en compte de la souffrance, lequel déborde largement le champ médical et concerne sans doute la plupart des pratiques s'intéressant à la souffrance, aux dysfonctionnements, aux problèmes et autres difficultés.

La façon d'appréhender la souffrance psychique dans ce paradigme, pour naturelle et évidente qu'elle soit, n'en rencontre pas moins des limites importantes. Ces limites, plus structurelles que conjoncturelles, évoquées au chapitre 3 ouvrent la possibilité d'autres cadres de pensée.

L'exposé de quelques spécificités de la vie psychique et du développement psychique mène, au chapitre 4, à une réflexion sur la façon de concevoir la souffrance psychique et d'en prendre soin, qui conduit à tracer les grandes lignes d'un nouveau paradigme.

Le chapitre 5 poursuit cette construction en définissant les lignes principales d'une pratique psychothérapeutique ou d'une famille de praticiens de la psychothérapie relevant de ce nouveau paradigme et auxquelles appartiennent sans doute certains des

[18] Rendue inéluctable par l'adoption des articles de loi règlementant l'usage du titre de psychothérapeute.

« psychothérapeutes relationnels » et des psychothérapeutes humanistes, notamment certains des gestalt-thérapeutes mais aussi d'autres praticiens du champ psy.

La radicalité de la différence entre le paradigme dominant et le paradigme construit dans les premiers chapitres conduit à regarder, au chapitre 6, ce qu'il advient de quelques évidences du cadre de pensée habituel : la maladie mentale, la psychopathologie, le diagnostic ou l'évaluation.

Enfin, le chapitre 7 rend compte d'une réflexion au sujet de la formation à une pratique de la psychothérapie conduite dans le nouveau paradigme, notamment à partir de l'expérience de formation de gestalt-thérapeutes.

Dans le climat actuellement tendu du « champ psy », il importe de préciser que l'intention de l'ouvrage est de contribuer à la clarification et à la compréhension de ce champ mais qu'elle n'est nullement polémique. Il ne s'agit pas d'opposer les deux paradigmes, ni de chercher le meilleur en pensant une comparaison, ni, a fortiori, en prônant le remplacement du paradigme dominant par le paradigme construit dans ces pages. Ces deux paradigmes constituent deux façons différentes d'appréhender la souffrance psychique et d'en prendre soin.

Par ailleurs, il ne s'agit pas non plus de proposer une nième approche de psychothérapie, ni de définir une nouvelle théorie visant à se substituer à l'une ou l'autre des théories existantes. Le cadre de pensée construit dans ces pages est suffisamment général pour rendre compte de la pratique de psychothérapeutes mettant en œuvre des approches psychothérapeutiques déjà existantes aujourd'hui et depuis plus d'un demi-siècle pour certaines.

CHAPITRE 2 – CADRE DE PENSÉE TRADITIONNEL ET MÉDECINE OCCIDENTALE

Par la socialisation[1] à laquelle nous sommes tous soumis dès que nous grandissons et vivons dans un groupe humain, nous abordons le monde et y agissons au quotidien à travers des cadres de pensée implicites qui donnent une allure familière à la réalité. Suffisamment partagés avec nos voisins, ces cadres de pensée restent habituellement à l'arrière-plan, mais apparaissent parfois. Par exemple, lors d'une rencontre avec une personne de culture différente au cours de laquelle nous constatons que nous ne voyons pas le monde de la même façon et que nos façons de faire diffèrent, jusque dans les faits et gestes quotidiens les plus anodins.

Ce chapitre met à jour quelques grandes lignes du paradigme dans lequel opère la médecine et qui lui a permis de faire les progrès considérables que l'on connaît dans l'amélioration de nos conditions d'existence. Ce paradigme englobe la médecine, mais ne s'y limite pas puisque c'est aussi le cadre de pensée auquel nous recourons communément lorsqu'il s'agit d'appréhender la souffrance, les difficultés, les problèmes des êtres vivants ou des entités pouvant être considérées comme vivantes.

[1] Le terme de socialisation est à comprendre, dans cet ouvrage, dans son sens commun de « processus par lequel l'enfant intériorise les divers éléments de la culture environnante (valeurs, normes, codes symboliques et règles de conduite) et s'intègre dans la vie sociale » (Ferréol G. (2002), p. 199) et non dans le sens scientifique tel qu'il est construit en sciences sociales, mais en remarquant que ce processus d'intériorisation se prolonge tout au long de la vie et ne se termine pas avec la sortie de l'enfance.

1. Protocole diagnostic–pronostic–prescription–évaluation

Lorsqu'un patient consulte un médecin, pour une douleur ou un dysfonctionnement, le médecin le questionne sur l'histoire du problème qui l'amène à consulter, sur ses antécédents, sur les symptômes, les traitements déjà suivis, ses attentes, etc. Après cette phase d'anamnèse, le médecin poursuit par un examen physique du patient, « Passez à côté et déshabillez-vous », au cours duquel il prend la pression artérielle, le pouls, il ausculte au stéthoscope, il palpe le ventre, les ganglions, etc. Cet examen clinique va lui permettre de préciser les hypothèses construites au cours de l'anamnèse initiale et peut donner lieu à la prescription d'analyses et d'examens complémentaires à effectuer ultérieurement.

Dans cette phase de diagnostic médical, le médecin cherche des indices lui permettant de déterminer la nature de l'affection dont souffre le patient en recherchant les causes et les effets de cette affection. Le diagnostic conduit le médecin à établir un pronostic au sujet de l'issue possible de l'affection : le patient pourra-t-il guérir et dans quels délais ? Le diagnostic permet ensuite de proposer, le cas échéant, un traitement en vue de guérir de l'affection. La guérison n'est pas toujours envisageable, par exemple, dans le cas de maladies chroniques comme le diabète ou l'insuffisance cardiaque, ou dans le cas des maladies dégénératives dues à la vieillesse ou encore dans les situations de handicap physique suite à un accident. Le médecin prescrit alors un traitement permettant d'aménager au mieux la situation du patient.

La remise de la prescription au patient est souvent assortie d'une demande d'évaluation des effets du traitement prescrit, qu'il s'agisse d'une auto-évaluation : « Si la douleur persistait appelez-moi » ou d'un contrôle : « Nous nous revoyons dans un mois pour faire le point ».

La prise en charge classique d'une personne en souffrance dans le cadre d'une relation patient–médecin est donc standardisée autour du protocole diagnostic–pronostic–prescription–évaluation. Pour nous occidentaux, ce protocole paraît évident et naturel dans les différents champs de la médecine, mais aussi plus largement dans les disciplines de soin non strictement médicales : ostéopathie, acupuncture, homéopathie, etc.

Cette terminologie et l'approche qu'elle manifeste nous sont donc familières, évidentes et naturelles tant elles imprègnent notre quotidien dans différents secteurs d'activités. Pourtant, loin de faire partie du « monde en lui-même », elles reflètent un cadre de pensée, une certaine façon de regarder le monde et d'y agir, un paradigme, dont quelques éléments nécessaires pour la suite de la réflexion sont explicités dans les sections suivantes.

2. Distinction santé–maladie : fondatrice et culturelle

Chacun de nous a, souvent très tôt dans sa vie, fait l'expérience de souffrances, de douleurs, de gênes, d'empêchements, de dysfonctionnements que l'entourage, famille, enseignant ou médecin, a identifié et qualifié de « maladies ». Ce terme « maladie » est donc inscrit comme une expérience vécue bien plus que comme une idée ou une représentation intellectuelle.

Cependant, d'une culture à l'autre, les patients atteints d'une même affection décrivent leurs symptômes différemment en fonction de leur culture. Par exemple, Irving Zola[2] a montré, dans le cadre d'une étude de consultation de médecine générale d'ophtalmologie et d'oto-rhino-laryngologie aux États-Unis, que des patients pour lesquels le même diagnostic avait été porté, décrivaient leurs symptômes de façon très différente selon qu'ils étaient d'origine irlandaise ou d'origine italienne. De même, Philippe Adam et Claudine Herzlich constatent qu'en Chine, « les symptômes psychiatriques donnent [...] plus souvent lieu qu'en Occident à des symptômes corporels et l'expérience de la dépression passe souvent par des douleurs cardiaques, alors que ce n'est pas le cas aux États-Unis et en France »[3].

---

[2] Zola I. (1966) cité dans Adam P., Herzlich C. (2007), p. 59.
[3] Adam P., Herzlich C. (2007), p. 62.

Dans certaines cultures non occidentales, des phénomènes que la médecine occidentale juge pathologiques ne sont pas considérés comme des symptômes. Inversement, les anthropologues ont identifié des « syndromes liés à la culture ». Il s'agit de maladies dûment répertoriées dans une culture mais non reconnues par une autre, voire de symptômes n'apparaissant que dans certaines cultures. Par exemple, le *susto*, maladie nerveuse sévissant dans tous les pays d'Amérique du Sud, reste inconnue de la médecine occidentale[4].

Comme l'illustre Bernard Hanson[5], au sein d'une même culture, les maladies évoluent. Ainsi, le Dictionnaire de l'Académie française de 1762 définit la « consomption », maladie de l'époque, comme : une espèce de phtisie qui consume et dessèche le poumon, les entrailles et toute la substance du corps ; on dit aussi d'une personne qui dépérit qu'elle est malade de consomption. Au cours du 19e siècle, la définition du cancer et de la tuberculose a fait voler en éclat le concept de consomption qui n'apparaît plus dans la médecine actuelle. Ainsi, les concepts de maladies naissent, se développent et parfois meurent.

Bien que la distinction santé–maladie soit présente dans toutes les sociétés et à toutes les époques et que la maladie puisse sembler être un fait objectif dont l'évidence s'impose à chacun, il s'agit d'un fait social : « l'appartenance à une culture fournit à l'individu le cadre dans lequel s'opèrent ces interprétations touchant les phénomènes du corps et, en particulier, la maladie et ses symptômes »[6].

En Occident, la pratique médicale requiert du médecin qu'il puisse déterminer si le patient qui consulte est en bonne santé ou au contraire atteint d'une maladie. Comme l'écrit Philippe Pignarre, le choix de rupture entre normal et pathologique est indispensable au

---

[4] Adam P., Herzlich C. (2007), p. 60.
[5] Hanson B. (2008), p. 16.
[6] Adam P., Herzlich C. (2007), p. 58.

processus de médicalisation[7]. Mais cette construction qu'est la distinction entre santé et maladie, variable d'une culture à une autre et au cours de l'histoire d'une même culture, n'est pour autant ni arbitraire ni pure imagination. Comme l'écrit Jean-Michel Longneaux dans la revue d'éthique des soins de santé Ethica Clinica, « les maladies sont des inventions. [...] Pour le dire autrement, une maladie est l'interprétation savante d'une "souffrance". [...] Le langage, fût-il scientifique, fût-il frappé du seau de la rigueur, n'est pas le réel, il en est le reflet, la traduction. [...] Ainsi, nos théories qui disent la souffrance physique et mentale –et en font des maladies reconnues et labellisées– sont des conventions efficaces toujours susceptibles d'être amendées, corrigées et finalement dépassées »[8].

La maladie est donc une certaine façon d'appréhender la souffrance, et le dysfonctionnement, qui permet l'action et l'oriente. Et force est de reconnaître que ce regard a permis de grands pas en matière de confort de la vie et de longévité. Pour autant, ce regard, déterminant une frontière entre le normal et le pathologique est socialement et culturellement déterminé[9].

3. Douleur et maladie : accidents de parcours

L'expérience de la maladie est, dès le plus jeune âge, associée à la souffrance, souffrance principalement physique et plus rarement psychique, de sorte que la notion de maladie est conçue d'abord comme un état affectant le corps vécu. Comme le disait, en 1937, le chirurgien René Leriche[10], « la santé est la vie dans le silence des organes », « la maladie c'est ce qui gêne les hommes dans l'exercice normal de leur vie et dans leurs occupations et surtout ce qui les fait souffrir ». Plus récemment, le psychologue Jacques Souriau propose de paraphraser R. Leriche : « la santé, c'est lorsque nul bruit du corps ne fait sens comme symptôme »[11].

---

[7] Pignarre P. (2006).

[8] Longneaux J-M. (2008), p. 2.

[9] Fassin D. (1990).

[10] Leriche R. (1937), formule reprise dans Canguilhem G. (1943), p. 52.

[11] Colloque « Accords et à cris » 5-6 décembre 2007 – Université de Poitiers.

La souffrance qui surgit dans une vie « silencieuse », la douleur aiguë, signale une agression, une lésion, un dysfonctionnement ou une affection. Elle est donc utile pour induire un comportement visant à se soustraire au danger, à traiter la lésion, à éviter l'accentuation du dysfonctionnement ou l'aggravation de l'affection. Si la douleur aiguë amène à consulter, le médecin aura à déterminer et à traiter les causes de la douleur, mais aussi la douleur elle-même, laquelle ayant rempli sa fonction de signal et déclenché le comportement ad hoc, est devenue inutile. S'il est reconnu une utilité à la douleur aiguë, celle d'être un signal, en revanche, aujourd'hui personne ne soutient l'utilité d'une douleur chronique, sauf peut être dans certains milieux radicaux[12]. Chercher à soulager la douleur chronique est un objectif de la médecine qui a conduit à la création de nombreux centres spécialisés dans le traitement de la douleur où des équipes médicales pluridisciplinaires proposent des traitements aux patients et leur apprennent à mieux maîtriser la douleur chronique.

La prise en compte de la souffrance, tant aiguë que chronique, est récente et date du début de la médecine expérimentale, au 19e siècle[13]. Auparavant, la souffrance était une des formes de la vie et le médecin, n'ayant pas encore de moyen réellement agissant contre la douleur, cherchait seulement à permettre au patient de vivre le mieux possible avec cette souffrance.

Un bruit du corps, notamment s'il fait sens comme symptôme, constitue donc une alerte. Cependant, le silence du corps n'est pas toujours synonyme d'absence de maladie. La maladie peut rester longtemps silencieuse et inconnue de celui qui en est atteint. C'est le cas, notamment au début de la maladie, pour le cancer, le diabète, le SIDA, l'hépatite, etc.

Ces maladies silencieuses sont détectées à l'occasion d'examens montrant un écart avec la norme admise. Une telle anomalie nécessite généralement d'autres investigations pour comprendre l'origine de l'écart et établir un diagnostic.

---

[12] Coron O., Marsauche R-M., Pommeret G. (1998).

[13] Ambroselli C. (1988).

Pour la médecine actuelle, la maladie est un accident de parcours sur un chemin de santé : une anomalie. Il est donc inutile qu'elle perdure et, au contraire, éthique de chercher à guérir le patient au plus vite. L'acte médical vise donc, soit la guérison, c'est-à-dire le retour aux conditions d'existence antérieures à la maladie. Le langage commun reflète ce point de vue lorsqu'il est question de « se rétablir » après être « tombé malade », soit l'aménagement des conditions de vie ou la stabilisation de la dégradation lorsque l'affection ne peut pas être réduite totalement.

4. Santé, maladie : normes et idéaux

Au cours de la consultation, le bilan de l'état de santé du patient et la construction du diagnostic s'appuient sur l'observation de différents marqueurs : présence de toux, nature de la toux (sèche, grasse, etc.), température corporelle, taux de globules rouges, de sucre, indices visuels de fracture osseuse sur des radiographies, etc.

Ces marqueurs ne sont pas choisis au hasard et la simplicité des marqueurs est un gage de facilité et de fiabilité du diagnostic et de l'évaluation, même si la mesure de ces marqueurs peut nécessiter le recours à des techniques complexes : examens en laboratoire ou en centres spécialisés.

La précision des marqueurs est un autre gage de facilité et de fiabilité du diagnostic et de l'évaluation. Par exemple, on peut mesurer précisément la température corporelle, le taux de globules rouges, la pression artérielle, l'angle de débattement d'une articulation, etc. ou tenter d'évaluer plus subjectivement sur des échelles l'état de fatigue, l'intensité de l'angoisse ou de la douleur. La réponse à la question « comment allez-vous ? » mesurée sur une échelle binaire de la forme « bien/pas bien » est en revanche très insuffisante pour servir seule de support à un diagnostic et à la prescription d'un traitement.

Enfin, la variation de ces marqueurs doit être connue et avoir un sens tout au long du traitement. Un marqueur qui pourrait disparaître ou se transformer au cours du traitement ou dont la variation au cours du traitement serait inconnue ou sans rapport avec l'évolution de la maladie n'est pas exploitable, puisque la mesure de ce marqueur ne donnerait aucune indication au sujet de l'évolution de la maladie. Par exemple, on peut mesurer la température corporelle ou le taux de globules blancs, car ce sont des marqueurs de santé à tout âge. Si la température était un marqueur de santé seulement à certains moments et sans savoir lesquels, sa mesure ne serait pas exploitable. De même, le marqueur « toux » peut évoluer au cours du temps et sa disparition sera interprétée comme une évolution positive de la maladie et un effet bénéfique du traitement.

Les graphiques de prise de poids d'un nouveau-né sont une bonne illustration de tels marqueurs. Par exemple, ces graphiques donnent, sur les 12 premiers mois, une courbe haute, une courbe moyenne et une courbe basse. Tout dépassement et même toute approche des valeurs basses ou hautes sont des signaux alarmants pour le médecin. De plus, l'évolution pondérale étant normalement toujours croissante, toute inflexion de la courbe de prise de poids du nourrisson (perte de poids), même si la courbe reste dans la moyenne, est un indice alarmant pour le médecin.

La santé est aujourd'hui généralement pensée comme un équilibre. Cependant, l'être humain, comme tout être vivant, est en constante transformation, ne serait-ce que par le renouvellement permanent de ses cellules ou par l'effet de la croissance ou du vieillissement. Cette première approche de la santé comme équilibre est donc complétée par une définition du développement normal de la personne tout au long de la vie.

Le développement somatique de l'être humain considéré comme normal et sain se déroule en trois phases : c'est le plein essor durant l'enfance ; la fin de l'adolescence marque le début de la phase stationnaire de l'âge adulte ; puis le déclin s'amorce à l'âge mûr et se poursuit avec la vieillesse. Au cours de l'enfance et de l'adolescence, la croissance est irrégulière, rapide à certaines périodes, plus lente à d'autres ; mais elle est normalement continue.

Dès lors, une perte de poids importante ou une stagnation durable de l'accroissement de la taille peuvent être des symptômes inquiétants. De même, durant la phase stationnaire de l'âge adulte, une augmentation ou une diminution significative des différents marqueurs sensés être stationnaires est inquiétante.

Dans une telle perspective développementale, à l'âge adulte et plus encore à l'âge mûr avec le lent déclin physique, il est difficilement critiquable de chercher à recouvrer l'état antérieur à la maladie, à maintenir autant que faire se peut la situation actuelle, ou encore à réparer au mieux les dégâts d'une affection. Éradiquer un virus, réparer une plaie ou une fracture osseuse, corriger une fonction déficiente (asthme, souffle au cœur, etc.), rééduquer une articulation traumatisée, aménager au mieux une invalidation définitive (cécité, paraplégie, amputation, etc.) sont donc des objectifs légitimes.

L'idéal apparaissant dans ces considérations est une vie sans souffrance ni maladie. Autrement dit, une vie dans le silence du corps et dans la normalité des marqueurs biochimiques. La maladie est un accident de parcours superflu. La douleur aiguë signale un dysfonctionnement, mais une fois ce dysfonctionnement pris en compte, la douleur devient inutile et doit être combattue, comme la douleur chronique.

5. Évaluation et recherche en efficacité

La maladie et la souffrance étant inutile, il devient éthique de chercher à soulager au plus vite le patient ou à rétablir, au plus vite, la norme et la conserver. Ce souci éthique conduit logiquement et légitimement les médecins à rechercher les traitements les plus efficaces. Par là, il faut entendre les traitements permettant de rejoindre un état de santé le plus rapidement possible et avec le moins d'effets secondaires. Cette recherche d'efficacité a tiré profit de la généralisation, au cours du siècle dernier, de la médecine fondée sur les preuves[14], plus connue sous l'appellation anglaise d'*Evidence-Based Medicine* (EBM). Son objectif est de permettre au médecin de soigner ses patients à partir des données produites par la recherche clinique scientifique et de minimiser l'intuition et l'expérience empirique dans la construction de la décision clinique. Elle s'appuie sur des preuves provenant d'études cliniques systématiques, dont une des références est constituée par les essais contrôlés randomisés menés en double aveugle. Cette forme de médecine est concrétisée par des référentiels de « bonnes pratiques »[15], qui recensent les façons les plus opérantes de traiter les affections auxquelles le médecin peut être confronté.

Le patient peut donc légitimement attendre que son médecin lui prescrive le traitement le plus efficace et évalue l'efficacité de son acte. Cependant, la détermination de ces « bonnes pratiques » produites par la médecine fondée sur les preuves est un résultat statistique. Les patients n'étant pas identiques, l'adéquation et l'efficacité du traitement doivent être évaluées au cas par cas et la prescription ajustée si nécessaire.

Une telle médecine évaluée et efficace n'est rendue possible que par la définition de normes de santé et par l'existence de moyens permettant de mesurer l'évolution de la maladie et donc l'efficacité d'un traitement.

6. Synthèse

Les sections précédentes permettent de dégager cinq grandes lignes constituant le paradigme[16] au sein duquel la médecine opère et qui sera qualifié plus loin de « paradigme de la guérison » :

- La souffrance, la gêne, le trouble sont abordés à partir d'une distinction santé–maladie appuyée à des marqueurs dont les

[14] Allamel-Raffin C., Leplège A. (2008), p.61.

[15] Les recommandations de bonnes pratiques pour les professions médicales et paramédicales sont élaborées par la H.A.S., la Haute Autorité en Santé.

[16] Dans la suite de l'ouvrage, le terme « paradigme » est employé pour désigner une représentation du monde, une manière de voir les choses, un modèle cohérent de vision du monde.

valeurs normales et leur évolution au cours du temps sont connues.

- Lorsqu'une personne est malade, le traitement consiste à recouvrer la santé ou, à défaut, à aménager les symptômes.
- La maladie est conçue comme un accident de parcours superflu et la souffrance est jugée inutile, il est donc éthique de les traiter le plus efficacement possible.
- Le soignant a la responsabilité de conduire l'intervention thérapeutique selon le protocole : diagnostic–pronostic–prescription–évaluation.
- La nécessité éthique d'efficacité conduit à une classification des différentes maladies et à la recherche des meilleurs traitements pour chacune.

Le schéma ci-dessous synthétise graphiquement quelques aspects de ce paradigme en s'inspirant du développement somatique.

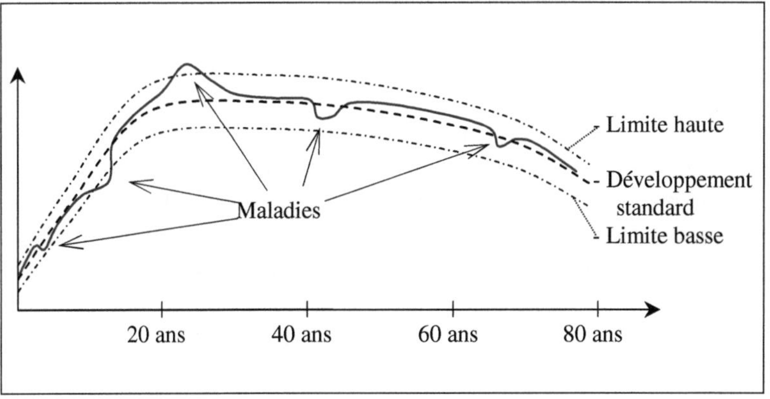

La mise en lumière de ce paradigme appelle deux remarques.

La distinction santé–maladie, qui fonde la pratique médicale, est indéniablement une façon efficace de traiter la souffrance qui a contribué à améliorer nos conditions de vie et à notre longévité. Toutefois, la reconnaissance de cette efficacité ne doit pas faire oublier qu'il s'agit seulement d'*une* façon d'appréhender la souffrance humaine, qu'il en existe sans doute d'autres, et que cette pratique n'est pas exempte de travers parfois délétères (cf. sections suivantes).

La médecine est certainement la discipline qui a mis en œuvre ce paradigme de la façon la plus poussée, réfléchie, systématisée et optimisée, mais d'autres activités de soin non strictement médicales (ostéopathie, acupuncture, homéopathie, etc.) relèvent également de ce paradigme. Elles se différencient les unes des autres sur la définition de la distinction normal–pathologique et donc sur la représentation de l'homme auxquelles elles se réfèrent, sur la compréhension des causes et des mécanismes des affections qu'elles traitent, sur les marqueurs de santé auxquels elles recourent et sur les traitements mis en œuvre.

7. Déclinaisons et généralisation

Plus généralement, les disciplines traitant du vivant, notamment, du monde animal et du monde végétal, s'inscrivent également dans le même paradigme. Par exemple, une forêt peut être diagnostiquée comme malade conduisant à la prise de différentes mesures et à l'application de différents traitements pour la soigner voire pour éviter qu'elle ne meure. Plus globalement, il en va de même de l'océan ou de la planète elle-même. Cette même approche se retrouve également au niveau de groupes humains : une équipe sportive, « la banlieue » ou une nation peut être dite malade et se voir administrée des traitements, mais aussi au niveau de structures : une administration, une entreprise, la bourse, etc. Même un ordinateur peut être infecté par des virus informatiques et faire l'objet d'un traitement en vue de rétablir son bon fonctionnement.

Une définition plus générale de ce paradigme peut donc être proposée :

- Les situations sont abordées à partir d'une ligne de partage distinguant les situations « ne justifiant pas d'intervention » et les situations « justifiant une intervention» .
- Lorsqu'une intervention est justifiée, elle consiste à agir pour que la situation initiale se transforme en une situation ne jus-

tifiant plus d'intervention ou en une situation jugée « meilleure » que la situation initiale.

- Il est jugé inutile de laisser perdurer une situation justifiant une intervention, et donc éthique de choisir l'intervention la plus efficace.
- C'est à l'intervenant, éventuellement en collaboration avec les personnes concernées, que revient la responsabilité de déterminer : 1 – si une intervention est requise ; 2 – l'état visé par l'intervention ; 3 – la meilleure intervention possible ; 4 – l'évaluation de la progression vers l'état visé.
- La nécessité éthique du recours à l'intervention la plus efficace conduit : a– à définir une typologie des situations justifiant une intervention ; b– à rechercher les meilleures techniques pour chaque catégorie de situations justifiant une intervention.

Dit autrement, lorsque l'intervention est justifiée, elle vise à opérer le plus efficacement possible une transition entre l'état initial et un état final défini au début de l'intervention. Cette transition peut être un retour à la normale ou à l'équilibre, une diminution des dysfonctionnements, la récupération d'une capacité perdue, le développement d'une compétence identifiée, la résolution d'une difficulté, un changement ciblé, etc.

Ce degré de généralité conduit à qualifier ce paradigme dominant et commun de « paradigme traditionnel »[17]. Le paradigme de la guérison, dans lequel opère la médecine, est donc, à l'évidence, une déclinaison fondée sur la distinction santé–maladie de ce paradigme traditionnel.

---

[17] Le choix initial était « paradigme téléotropique » du grec « teleos », fin/but, et « tropos », tourner/affinité pour, désignant l'orientation vers un but défini a priori qui caractérise ce paradigme, mais il lui a été préféré un terme plus courant.

8. Pratique médicale centrée sur la maladie

Dans le cadre de la pratique médicale, la centration sur la guérison au plus vite inhérente au paradigme de la guérison, comporte intrinsèquement un risque d'oubli de la personne au profit de la maladie. Ainsi, selon Dominique Broclain et Saskia Cousin[18], dans nos sociétés occidentales, qui ont fait de la lutte contre les maladies une de leurs priorités, et malgré la visée d'une médecine centrée sur la personne, la médecine reste globalement centrée sur la maladie. Le docteur Peter Tate écrit que « les conceptions véritablement globalisantes ou holistiques de la personne malade sont davantage le fait de la médecine orientale ou d'une médecine marginale dans la société occidentale contemporaine »[19]. Et les patients se plaignent de plus en plus d'une médecine centrée sur la maladie plutôt que sur le malade[20].

Une des explications à cette situation est sans doute liée à l'enseignement de la médecine. Ainsi en France, le Haut Comité de la Santé Publique reconnaît que les formations hospitalo-universitaires « véhiculent une conception de la santé essentiellement centrée sur la maladie »[21] et que « la formation initiale, délivrée dans un milieu hospitalier de plus en plus spécialisé, privilégie l'étude du fonctionnement des organes. Elle est plus centrée sur la maladie que sur le malade »[22]. Cette situation n'est pas propre à la France, comme le montre le journal des étudiants en médecine de Laval dans son numéro d'octobre 2006, dans lequel on peut lire : « Théoriquement, l'approche bio-psycho-socio-je-ne-sais-plus-quoi, ou "approche centrée sur le patient", existe et elle est bien admise comme étant la meilleure. Cependant, ce qu'on nous apprend dans les faits, c'est une approche centrée sur la

---

[18] Broclain D., Cousin S. (2008), Dominique Broclain est médecin, sociologue et journaliste à la revue Prescrire, Saskia Cousin est docteur en anthropologie et maître de conférences à Tours.

[19] Tate P. (2005), p. 147.

[20] Gallois P. (2008), p.4.

[21] HCSP (1994), p. 315.

[22] HCSP (2000), p. 62.

maladie. Presque tous nos cours sont orientés vers les phénomènes biologiques »[23].

Une autre explication est sans doute à trouver dans le rythme de travail des médecins, notamment généralistes, qui n'ont sans doute pas le temps, dans les 16 minutes[24] de durée moyenne d'une consultation, d'accorder à chaque patient l'attention nécessaire à une médecine centrée sur la personne. D'autre part, la médiatisation de la médecine de haute technicité exerce un effet de fascination sur le public de sorte que les patients eux-mêmes peuvent contribuer à une centration sur la maladie plus que sur la personne.

9. Paradigme sensible à l'industrie pharmaceutique

La définition de la distinction santé–maladie, fondatrice de la médecine et du paradigme de la guérison, est culturelle et non scientifique. En revanche, la méthode et les outils scientifiques contribuent à produire des mesures fiables, des procédures efficaces et des comportements méthodiques. Étant culturelle, la distinction santé–maladie est soumise aux enjeux sociaux, politiques, économiques, humains, etc. Elle est donc exposée aux risques avérés de dérives corporatistes, idéologiques, marketing comme le montrent de nombreux ouvrages et articles.

Notamment, la pratique médicale est indissociable de l'industrie pharmaceutique : les médecins ont besoin de médicaments et l'industrie pharmaceutique de prescripteurs. Si les médecins sont soumis à une éthique, l'industrie pharmaceutique en revanche est surtout soumise aux lois de l'économie de marché comme le remarque le rapport parlementaire sur l'usage des médicaments psychotropes[25]. La maladie étant une construction sociale à laquelle participent en étroite collaboration les soignants, les chercheurs et l'ensemble de la société[26], l'industrie pharmaceutique

[23] Laliberté V. (2006), p. 2.
[24] Huas D., Rueff B. (2005), p. 24.
[25] Briot M. (2006), p. 174.
[26] Mallet D. (2008), p. 4.

contribue, elle aussi, à cette construction. Ainsi, Dominique Broclain et Saskia Cousin écrivent : « la médecine occidentale est centrée sur la maladie. On a donc, dans l'ordre logique, le malade puis la maladie, puis le médicament. Mais les firmes pharmaceutiques ont renversé cette logique : l'objectif n'est pas de trouver un médicament pour soigner la maladie du patient mais d'inventer la maladie qui permettra de vendre un médicament aux clients »[27].

En 1992, la journaliste médicale Lynn Payer publie un ouvrage de référence intitulé « Les façonneurs de maladies : Comment les médecins, les firmes pharmaceutiques et les assureurs vous rendent malades »[28]. Dans cet ouvrage, elle identifie et décrit un phénomène qu'elle baptise *diesease mongering*. Il s'agit de la tentative, par divers groupes d'intérêt médicaux et pharmaceutiques, de convaincre des gens à peu près en bonne santé qu'ils sont malades et des gens légèrement malades qu'ils le sont gravement[29] en vue de leur vendre des tests et des médicaments[30]. Dit autrement, il s'agit de la contribution des firmes pharmaceutiques, et d'autres acteurs, à l'invention de maladies à but souvent exclusivement lucratif. Depuis, de nombreuses publications ont traité de l'influence de l'industrie du médicament sur la modification de maladies existantes ou sur l'invention de nouvelles maladies (la dépression[31], la dysfonction érectile[32], le syndrome prémenstruel[33], la phobie sociale[34], la périménopause[35], le prédiabète ou la préostéoporose[36], etc.) toujours associées à la découverte d'un nouvel effet d'une molécule existante ou au développement d'un nouveau produit.

---

[27] Broclain D., Cousin S. (2008).
[28] Payer L. (1992).
[29] Stengers I. (2006).
[30] Moynihan R., Cassels A. (2005).
[31] Pignarre P. (2001), Ehrenberg A. (1998).
[32] Parry V. (2003).
[33] Gekiere C. (2008).
[34] Lane C. (2007).
[35] Scialli T., Fugh-Berman A. (2001).
[36] Chevalier P., Debauche M. (2008), p. 97.

Par exemple, la Listerine est un antiseptique d'abord vendu comme désinfectant en chirurgie puis comme nettoyant ménager et comme antipelliculaire aux États-Unis. Puis dans les années 1920, la firme Warner-Lambert fait la publicité de la Listerine comme antidote d'un trouble commun et gênant : la mauvaise haleine qu'elle rebaptise, pour l'occasion, du nom savant de *halitosis* et présente comme une maladie chronique aux conséquences sociales graves : les ventes de Listerine décuplent. Aujourd'hui, l'halitosis a toujours ce statut de « maladie » et la Listerine est toujours commercialisée dans cette indication[37]. Le fait qu'un produit puisse être utilisé à la fois comme nettoyant ménager, désinfectant, antipelliculaire et, enfin, « médicament », n'est pas critiquable en soi, ce qui l'est plus en revanche c'est, dans le domaine de la santé, la manipulation du public à des fins lucratives.

On pourrait penser que le phénomène touche le public de consommateurs potentiels, mais épargne le monde médical. Ce serait oublier, comme l'illustre bien Donatien Mallet[38] : que le public alerté par la publicité va demander au médecin de prescrire ; que ce médecin est l'objet d'un marketing intense de la part des firmes pharmaceutiques ; que les activités de recherche médicale sont en grande partie financées par ces firmes ; que l'ambition et les enjeux narcissiques n'épargnent pas le corps médical ; que les associations de malades sont devenues des acteurs importants du champ de la santé et sont particulièrement sensibles à tout espoir de soigner ou de soulager la maladie.

Le processus d'invention d'une maladie est complexe et fait intervenir de nombreux acteurs, mais J. Blech synthétise cinq façons d'inventer une maladie[39] :

- « des processus normaux de l'existence sont présentés comme des problèmes médicaux », par exemple la chute des cheveux ;

---

[37] Broclain D., Cousin S. (2008).

[38] Mallet D. (2008), p. 7-9.

[39] Blech J. (2005) cité dans Gekiere C. (2008), p. 39.

- « des problèmes personnels et sociaux sont présentés comme médicaux », par exemple la timidité transformée en phobie sociale ;
- « de simples risques sont présentés comme de véritables maladies », par exemple l'ostéoporose, les gènes « défectueux » ;
- « des symptômes rares sont présentés comme des épidémies de grande ampleur », par exemple la « dysfonction sexuelle féminine » ;
- « des symptômes anodins sont présentés comme les signes avant-coureurs de maladies graves », par exemple le « syndrome métabolique », au moment où l'obésité va pouvoir « bénéficier » d'un traitement médicamenteux.

L'article intitulé « L'art de commercialiser une maladie » [40] publié en 2003 dans une revue destinée aux publicitaires et aux entreprises, confirme ces propos. L'expert en publicité Vince Parry y décrit comment les firmes créent des troubles médicaux au cours de brain storming réunissant des responsables marketing de l'industrie pharmaceutique, des experts médicaux et des « gourous » comme lui-même.

En France, une telle dérive est sans doute limitée par l'interdiction de la publicité directe, mais l'Europe étudie l'adoption de mesures qui pourraient changer la donne. En revanche, les États-Unis représentent près de 50 % du marché des prescriptions de médicaments alors qu'ils comptent moins de 5 % de la population mondiale. Les dépenses de santé y affichent une progression de presque 100 % en six ans, progression due à la hausse du prix des médicaments, mais aussi à la hausse des prescriptions médicales[41].

---

[40] Parry V. (2003) cité dans Moynihan R., Cassels A. (2006).
[41] Moynihan R., Cassels A. (2006).

CHAPITRE 3 – PARADIGME TRADITIONNEL ET SOUFFRANCE PSYCHIQUE

L'expérience de la maladie somatique est inscrite très tôt dans notre vécu d'être humain. La maladie mentale est en revanche loin d'être une expérience communément partagée, ce qui n'empêche pas qu'elle soit présente dans nos représentations, notamment au travers de la figure historique du fou, et que l'on y ait recours, parfois avec inquiétude, pour appréhender la souffrance psychique. Ainsi, certains patients cherchent à s'entendre dire justement qu'ils ne sont pas fous, alors que d'autres cherchent à faire reconnaître leur souffrance psychique comme maladie.

Le siècle dernier a vu les formes de souffrances psychiques se diversifier, la demande de prise en charge croître et, conjointement, les approches de psychothérapie se multiplier. Après plusieurs années de combats autour de la réglementation du titre de psychothérapeute, la loi[1] fixe les objectifs de la formation en psychopathologie nécessaire pour prétendre user du titre de psychothérapeute, l'accès à cette formation étant réservé aux titulaires d'un diplôme de docteur en médecine ou de master en psychologie. Cette réglementation participe d'un mouvement plus général de médicalisation des activités de soin et d'une volonté de retour de la psychiatrie dans le giron de la médecine[2]. Ce chapitre évoque les spécificités du recours au paradigme de la guérison pour appréhender la souffrance psychique.

---

[1] Article 52 du 4 août 2004 modifié par l'article 91 de la loi « Hôpital, patients, santé et territoires » du 24 juin 2009.

[2] P-H. Castel (2004), p. 125.

1. Repères historiques

Quelques repères historiques permettront d'introduire la réflexion[3].

Au 15e siècle, les fous évoluent en liberté, la folie fait partie du paysage quotidien. Chacun en a l'expérience directe et on cherche plus à l'exalter qu'à la maîtriser. Au début du 17e siècle, il y a en France des fous célèbres, certains écrivent et sont publiés.

Accueillante à ces formes d'expérience jusqu'aux environs de 1650, la société occidentale change brusquement et, à partir du milieu du 17e, dans toute l'Europe, des maisons d'internement sont créées pour recevoir les fous, et d'autres types de personnes très différentes : on enferme les pauvres invalides, les miséreux, les chômeurs, les libertins, des gens à qui leur famille ou le pouvoir royal veulent éviter un châtiment public, des pères de famille dissipateurs, des ecclésiastiques en rupture de ban, bref tous ceux qui, par rapport à l'ordre de la raison, de la morale et de la société, donnent des signes de « dérangement ». Ces maisons n'ont aucune vocation médicale, on y est interné non pas pour être soigné, mais parce qu'on ne peut plus ou parce qu'on ne doit plus faire partie de la société. Parce que dans le monde bourgeois en train de se constituer, cette partie de la population ne peut pas prendre part à la création, à la circulation ou à l'accumulation des richesses.

Au tournant du 18e, avec la Révolution, plusieurs raisons conduisent à fermer les maisons d'internement, libérant ainsi les occupants : internements arbitraires, critique économique des formes traditionnelles d'assistance, hantise populaire de ces maisons, désir d'abattre les symboles de l'oppression de l'ancien régime et de supprimer le signe de l'existence d'une classe misérable. Les fous reviennent dans le paysage familier. Mais le fou en liberté peut devenir dangereux pour sa famille et ses concitoyens. La Révolution et l'Empire placent donc à nouveau le fou dans les maisons d'internement, dirigées par des médecins, et réservées aux fous. Les anciennes pratiques d'internement perdurent et se transforment en un enchaînement moral : le fou est surveillé dans ses gestes, rabaissé dans ses prétentions, contredit dans son délire,

[3] Cette section historique est largement inspirée de Foucault M. (1954).

ridiculisé dans ses erreurs. Les traitements visant sa guérison sont psychologiques et physiques : la douche rafraîchit les esprits, l'injection de sang frais renouvelle la circulation troublée, les impressions vives modifient le cours de l'imagination.

Au 19e, ces techniques perdent leur visée curative pour ne plus être que répressive et morale : la douche ne rafraîchit plus l'esprit, elle punit seulement le malade qui a commis une faute. Le système devient strictement punitif. C'est à partir de ce moment que la folie reçoit un statut et une signification psychologiques. Au cours du Siècle des Lumières, l'approche médicale de la folie se concrétise par l'élaboration de la première classification des maladies mentales, nosographie qui s'occupe essentiellement des psychoses et des délires.

Le 20e débute avec le travail de S. Freud qui va transformer le champ de la psychiatrie. La nosographie s'enrichit des névroses et une nouvelle discipline naît, la psychopathologie, qui vise à décrire et à expliquer la pathologie mentale. Au début des années 50, avec la découverte des neuroleptiques, la psychiatrie dispose du premier médicament modifiant le comportement humain. Dans la décennie suivante, le courant de l'antipsychiatrie remet en cause et dénonce l'effet aliénant des institutions psychiatriques et des psychotropes sur la personne diagnostiquée psychotique.

2. Situation actuelle

Pour Alain Ehrenberg[4], la psychiatrie a connu, depuis les années 70, des bouleversements qui ont considérablement élargi son champ d'action et la diversité des problèmes traités par les cliniciens[5] et de nouvelles espèces morbides sont apparues au cours des trente dernières années dans les sociétés libérales[6] : dépression, stress post-traumatiques, troubles obsessionnels compulsifs (TOC), attaques de panique, addictions s'investissant dans des objets divers (héroïne, ecstasy, cannabis, alcool, nourriture, jeu, sexe,

[4] Sociologue, directeur du centre de recherche « Psychotropes, santé mentale, société » (CESAMES), CNRS-Inserm-Université René-Descartes Paris 5.
[5] Ehrenberg A. (2004a), p. 77.
[6] Ehrenberg A. (2004b), p. 133.

consommation, médicaments psychotropes), anxiété généralisée (être en permanence angoissé), impulsions suicidaires et violentes (particulièrement chez les adolescents et les jeunes adultes), syndromes de fatigue chronique, « pathologies de l'exclusion », souffrances « psychosociales », conduites à risque, psychopathies, etc.

Ainsi, corroborant d'autres enquêtes sociologiques, le baromètre santé de l'INPES[7] de 2005 indique que 9,5 % des personnes interrogées déclarent avoir eu « recours au soin pour des raisons de santé mentale » pendant les 12 mois précédant l'enquête. Rapportée à la population française, cette proportion représente près de 4 millions de personnes. Les motifs invoqués sont : des affects décrits comme « dépressifs » (28 %), un « mal-être » (24 %), un deuil lié au décès d'une personne proche (10 %), des problèmes conjugaux (9 %), des problèmes d'angoisse (7 %), suivent des problèmes somatiques, des tentatives de suicide, des difficultés professionnelles, etc.

À titre d'illustration, voici quelques situations présentées par des patients lors de leur première rencontre dans un cabinet de psychothérapie[8] à partir d'une demande d'aide psychologique de leur part.

– Une femme, médecin nutritionniste, a depuis plusieurs années un surpoids handicapant dont elle n'arrive pas à se défaire malgré les traitements médicaux tentés. Elle évoque aussi des difficultés relationnelles actuelles qu'elle relie à une enfance difficile dans une famille monoparentale.

– Un père de famille se présente comme dépendant aux images pornographiques de jeunes femmes et souffrant de cette dépendance. Il se demande s'il n'est pas pédophile et redoute les effets de cette dépendance sur sa relation conjugale et sur son rôle de père.

– Après quelques années d'enseignement en Zone d'Éducation Privilégiée avec des adolescents de milieux défavorisés, une enseignante est en situation d'échec professionnel, de désillusion, de

---

[7] Institut National de Prévention et d'Éducation à la Santé, chiffres cités dans Briffault X., Lamboy B. (2008) p. 112-113.

[8] D'un psychothérapeute « à titre exclusif » : ni médecin ni psychologue.

perte de repères, de questionnement de ses valeurs et de sa vocation.

– Un homme, après avoir longtemps « fait avec » ses échecs sentimentaux répétés en essayant d'en analyser les raisons et de mettre en place d'autres façons de faire, demande de l'aide pour enfin arriver à construire une relation sentimentale satisfaisante et durable.

– Une aide-pharmacienne souffre d'une impossibilité à « vivre normalement ». Sa famille d'origine, sans maltraitance avérée, vivait et vit toujours dans un isolement social et un sous-développement affectif et relationnel qui ne lui ont pas permis de développer les compétences sociales minimales nécessaires à une vie satisfaisante.

– Après un début de carrière brillant, le récent décès de deux collègues confronte cet homme à la perspective de sa propre mort et au non-sens de sa vie professionnelle qu'il découvre avoir choisie, en désaccord avec ses propres goûts, par loyauté envers ses parents décédés lorsqu'il était tout jeune adulte.

– Ce jeune homme arrive épuisé par ses oscillations incessantes et son impossibilité à choisir entre, d'une part, sa relation maritale, sécurisante, mais conformiste, et, d'autre part, le développement d'une relation extraconjugale en cours, très attrayante, mais périlleuse.

– Désirant vivement et depuis toujours un enfant, après l'échec de tous les moyens disponibles, cette femme doit faire le deuil de ce projet d'enfant, dans le cadre d'un couple, très déstructuré par cet échec et par les épreuves successives des différentes et nombreuses tentatives de procréation assistée.

– Une ingénieure, issue d'une famille incestueuse, tente de trouver une issue aux violences conjugales dont elle est l'objet et qui commencent à se reporter sur les enfants, sans vouloir rompre une unité familiale tant enviée par d'autres.

– Issue d'un milieu aristocratique, cette femme veut que cessent ses débuts d'actes violents envers ses enfants qui se sont installés progressivement au cours d'une vie maritale très aisée, mais peu satisfaisante et marquée par un début de dépendance à l'alcool.

Ces exemples illustrent les propos de Lucien Tenebaum[9], lorsqu'il évoque la nouvelle demande ayant émergé progressivement au cours du siècle dernier : « Les demandeurs de psychothérapie ne cherchent pas une consolation, loin de là. Ils ne peuvent plus continuer à vivre ces échecs répétés, ces déceptions, ces faux pas douloureux dans leur vie relationnelle, affective, sociale, sexuelle. Ils sont d'abord mus par l'impossibilité de continuer à vivre ainsi et ils ressentent comme une impérieuse nécessité intérieure de devoir "y faire quelque chose". [...] Leur vie semble parvenue à une impasse et personne ne peut venir leur dire qu'ils ont tort de se sentir en échec ou insatisfaits, qu'ils ont tort de souffrir ou de se poser des questions »[10].

À côté des grandes figures classiques de la folie pour lesquelles l'internement a laissé place à la camisole chimique, le siècle dernier a donc vu croître de façon significative le champ de souffrance psychique. Ce « renversement hiérarchique » noté par A. Ehrenberg, dans lequel la souffrance était un élément de la psychose, alors que la psychose est aujourd'hui un élément de la souffrance[11], s'est produit sous l'effet combiné de plusieurs facteurs notamment :

- augmentation du niveau de vie et assurance d'une réponse aux besoins vitaux : manger, dormir, se sentir en sécurité, se soigner, etc.,
- affaiblissement des repères et soutiens auparavant apportés par la religion, la morale et la solidarité,
- augmentation du nombre et de la diversité des approches de psychothérapies et de développement personnel et diffusion de ces approches dans le public,
- légitimation de la souffrance psychique par la prise de conscience du handicap qu'elle constitue.

---

[9] Ancien psychiatre hospitalier et psychothérapeute.
[10] AFFOP (2004), p. 34.
[11] Ehrenberg A. (2004b), p. 145.

3. Distinction santé–maladie et souffrance psychique

Dans la prise en charge de leur patient, qu'il s'agisse de guérir une maladie psychique, d'en aménager les symptômes ou de favoriser un changement des effets d'un trouble psychique, la distinction santé–maladie ou normal–pathologique sert de référence aux professionnels du champ de la médecine et de la psychologie.

Le recours à cette distinction fondatrice du paradigme traditionnel semble naturel et évident, mais soulève d'emblée une question délicate : En matière de souffrance psychique, quelle est la limite entre santé et maladie ? Entre normal et pathologique ?

Les avis se partagent en deux positions.

Premièrement, le préambule de 1946 de la constitution de l'Organisation Mondiale de la Santé (O.M.S.) définit la santé comme « un état de complet bien-être physique, mental et social [et] qui ne consiste pas seulement en une absence de maladie ou d'infirmité ». En écho à cette définition, un rapport de la direction des hôpitaux et de l'offre de soins de 2002 mentionne que « toute souffrance, qu'elle soit somatique ou psychique, mérite attention »[12]. Dans le même sens, le DSM IV[13], propose une échelle numérique de 0 à 100 pour construire une évaluation globale du fonctionnement d'un patient. L'intervalle de 91 à 100, représentant la santé mentale, définit un patient aux caractéristiques suivantes : « Niveau supérieur de fonctionnement dans une grande variété d'activités. N'est jamais débordé par les problèmes rencontrés. Est recherché par autrui en raison de ses nombreuses qualités. Absence de symptôme »[14]. Selon ces points de vue, toute personne en souf-

---

[12] DHOS (2002), p. 7, cité dans Ehrenberg A. (2004b), p. 145.

[13] « *Diagnostic and Statistical Manual of Mental Disorders* » : manuel de psychopathologie de l'Association des Psychiatres Américains, aujourd'hui dans sa version IV.

[14] DSM (2004), p. 48.

france psychique, fût-elle légère, n'est pas jugée en bonne santé et relève donc de la maladie ou de la pathologie.

À la fin du 19e siècle, le malade mental était presque exclusivement un fou, la maladie mentale étant alors l'exception. Aujourd'hui, au début du 21e siècle, selon ce point de vue, c'est la santé mentale qui est devenue l'exception, puisqu'il est probable que, selon ces critères, nous sommes tous malades, l'avons été récemment ou le serons très prochainement.

L'idéal de vie se dégageant de cette position est, comme en médecine somatique, celui d'une vie sans souffrance et même plus puisque, selon la définition du DSM, la personne en bonne santé est une personne bien dans sa peau, séduisante et qui assure en toute circonstance[15].

La seconde position, au sujet de la limite entre santé et maladie, considère qu'une partie seulement de la souffrance psychique relève de la maladie et que, aujourd'hui, entremêlant des problèmes franchement pathologiques –psychoses et troubles psychiatriques graves–, soucis de mieux-être, souhait d'améliorer sa qualité de vie, son équilibre dans le travail ou sa vie privée, la notion de santé mentale est si large qu'elle en est indéterminée[16].

Mais, si certaines souffrances psychiques, par exemple les situations cliniques évoquées à la section 2, ne relèvent pas de la médecine, alors se pose la question de leur prise en charge : par qui et dans quelle perspective autre qu'à partir d'une distinction santé–maladie ? Qu'en est-il également du patient ayant terminé son traitement psychiatrique, jugé guéri par le médecin, mais se sentant encore souffrant voire malade ?

L'attitude de déni ou de minimisation –considérant ces souffrances comme des « bleus de l'âme »[17] pour lesquels il suffirait de se prendre en main, d'un peu de volonté, de ne pas se laisser aller– n'est pas tenable. Elle reviendrait à considérer que les crises de

---

[15] Ehrenberg A. (2004b), p. 149.

[16] Ehrenberg A. (2004a), p. 85.

[17] Pour reprendre l'expression de B. Accoyer citée dans Kaltenbeck F., Morel G. (2004).

goutte, les céphalées et autres grippes et lombalgies ne sont que des « bleus du corps » en regard de la peste, du choléra ou du sida. Un tel jugement témoigne, pour le moins, d'une absence de compassion voire d'une forme de mépris à l'égard de ces personnes en souffrance, surtout à une époque où, en médecine en particulier, toute souffrance est considérée comme superflue et à combattre.

On peut difficilement considérer que ces souffrances relèvent toutes d'une demande de développement personnel visant un « plus-être ».

La difficulté, reconnue par la plupart des acteurs, à tracer une limite claire entre santé et maladie a pour conséquence, selon la limite choisie, de faire varier considérablement le jugement porté sur l'état sanitaire d'une population. Ainsi, par exemple, le passage de la version II à la version IV du DSM a eu pour effet de devoir considérer que sans doute plus de 50% de la population des États-Unis est, selon les critères du DSM IV, atteints de troubles mentaux, sans pour autant que la souffrance, ni la qualité de vie, ni le comportement de la population n'aient changé de façon radicale entre les deux versions du DSM.

On notera que Sigmund Freud, médecin et fondateur de la psychanalyse, est également resté dans cette approche dualiste, tout en déplaçant radicalement la frontière entre le normal et le pathologique. Pour la psychanalyse, la normalité se situe dans « une pathologie bien tempérée : le modèle normal–névrotique s'oppose ainsi aux structurations rigides et massives de la psychose, aux fixations de la perversion et à la désorganisation dépressive ou psychosomatique »[18]. Mais la référence à la distinction normal–pathologique est maintenue.

[18] Bourdin D. (2002), p. 168.

4. Diagnostic et psychopathologie

La prise en charge d'un patient en souffrance psychique par un professionnel de la médecine ou de la psychologie s'appuie sur le protocole diagnostic-pronostic-prescription-évaluation. Ce protocole requiert une nosographie, classification organisant les symptômes en maladies mentales[19]. La production d'une telle classification relève de la psychopathologie, science de la souffrance psychique[20], dont l'objet est l'étude psychologique de la maladie mentale et des dysfonctionnements des sujets réputés normaux[21]. Cette science vise à la fois à décrire les troubles psychiques, à en comprendre l'origine et les mécanismes[22]. Par cette double visée, la psychopathologie constitue l'épistémologie (la théorie de la connaissance) de la psychiatrie, de la psychologie clinique[23] et plus généralement celle des activités médicales de soin psychique.

Cette place fondamentale de la psychopathologie dans la prise en charge de la souffrance psychique dans le paradigme traditionnel appelle plusieurs remarques.

4.1. Dimension culturelle de la psychopathologie

Le paranoïaque, le narcissique, le pervers ou le psychopathe, tant dans l'acception populaire que dans l'acception savante de ces termes, n'éprouvent pas nécessairement de souffrance psychique et, souvent, ne se considèrent pas comme malades. Ils ne sont donc pas habituellement en demande de prise en charge ou de soin psychique. Pourtant, leurs comportements, qu'ils soient ou non dangereux pour autrui ou/et pour eux-mêmes, sont aujourd'hui jugés suffisamment anormaux pour que ces personnes soient considérés comme malades et entrent à la fois dans l'objet d'étude de la psychopathologie et dans la catégorie des personnes à prendre en charge.

---

[19] Kovess-Masféty V. (2009), p. 20.
[20] Ménéchal J. (1997), p. 9-10.
[21] Beauchesne H. (1986).
[22] Grebot E., Orgiazzi Billon-Galland I. (2001), p. 7.
[23] Ménéchal J. (1997), p. 9-10 ; Grosbois P. (2007).

L'objet d'étude de la psychopathologie, le trouble psychique, comporte donc deux faces : d'une part, la souffrance psychique éprouvée par le patient, et, d'autre part, l'anormalité, même lorsqu'elle n'est pas accompagnée de souffrance exprimée, et, au regard de la médecine, ceux qui s'expriment ne sont pas forcément les plus atteints[24].

Par cette référence à un jugement de normalité, la psychopathologie se trouve clairement inscrite dans une dimension culturelle, ce que Michel Foucault relève déjà en 1954 lorsqu'il écrit : « Un fait est devenu, depuis longtemps, le lieu commun de la sociologie et de la pathologie mentale : la maladie n'a sa réalité et sa valeur de maladie qu'à l'intérieur d'une culture qui la reconnaît comme telle »[25]. Les troubles psychiques et leur classification, tout comme les maladies somatiques, sans être purement imaginaires, sont pour autant des inventions et des constructions sociales[26]. Par exemple, les guérisseurs amérindiens ou les sages hindous seraient sans doute diagnostiqués comme psychotiques dans notre culture occidentale actuelle ; bien des hommes, considérés comme des génies de notre histoire, présentent tous les symptômes de la maladie mentale et feraient, peut-être, de nos jours, un séjour dans un hôpital psychiatrique ; en ex-URSS, l'opposition au socialisme était une maladie mentale ; en 1980, dans sa version III, le DSM jugeait encore l'homosexualité comme un trouble psychologique, la psychopathologie psychanalytique également d'ailleurs ; Aldo Naouri, médecin et auteur contemporain célèbre, considère l'infidélité conjugale comme une pathologie.

En matière de santé physique, la référence à une normalité biochimique peut sans doute poser question. Au moins parce que ces normes sont statistiques et qu'il existe des personnes « normales » qui pour autant souffrent et d'autres, « hors norme », dont ni la qualité de vie ni la longévité ne sont affectées par cette anormalité[27].

---

[24] Meurisse M-F. (2008), p. 32.
[25] Foucault M. (1954), p. 71.
[26] Longneaux J-M. (2008), p. 2.
[27] Voir Bourdin D. (2002) pour une réflexion plus approfondie sur la question du normal et du pathologique.

En matière de santé mentale, la psychopathologie ne se contente pas de répertorier et de classifier la souffrance psychique, elle traite aussi de la question de la normalité et des comportements jugés, à un moment et dans une culture, comme déviants. Un tel projet n'est pas sans danger comme le remarque Jean Bergeret[28] : « l'utilisation de la notion de "normalité" présente d'incontestables dangers dans les mains de qui détient l'autorité médicale ou politique, sociale ou culturelle, économique ou philosophique, morale, juridique ou esthétique, et pourquoi pas intellectuelle ? L'histoire ancienne ou contemporaine des communautés comme des idéologies grandes ou petites nous en sert de cruels exemples »[29]. Et Roland Gori[30] de considérer, sans doute un peu radicalement, qu'aujourd'hui, le DSM IV, répertoriant 400 troubles psychiques, « étend à l'infini le champ de la médicalisation de l'existence et la possibilité de surveillance sanitaire des comportements »[31]. La surveillance sanitaire rend possibles d'autres formes de surveillances comme s'en émeuvent par exemple les mouvements récents demandant l'abandon des lois et projets de loi visant la mise en place de mesures et de contrôle de l'enfance.

Cette situation de limites imprécises trouve son origine notamment dans le fait que les théories de la psychopathologie et du fonctionnement psychique n'ont pas le même statut que les théories d'autres domaines. En effet, dans la plupart des autres domaines, en physique notamment, les théories peuvent être vérifiées : les chercheurs construisent des expérimentations en vue de vérifier les hypothèses explicatives et prédictives des théories, conduisant par là à modifier ces dernières, voir à les rejeter. En matière de fonctionnement psychique et de psychopathologie, de telles expérimentations sont rendues très difficiles par la double nature humaine et subjective de la vie psychique. Les théories de la psychopathologie et du fonctionnement psychique sont donc bien plus des

---

[28] Médecin, psychanalyste et professeur émérite de psychologie à l'université Lyon 2.
[29] Bergeret J. (1985), p. 13.
[30] Professeur de psychologie et de psychopathologie à l'Université d'Aix-Marseille 1 et psychanalyste.
[31] Gori R. (2008).

représentations et des repères que des théories validées au sens scientifique du terme.

4.2. Étiologie des troubles mentaux

L'étiologie, c'est-à-dire l'explication des causes, des facteurs aggravants et des mécanismes d'une maladie, est un des éléments importants entrant dans la définition de cette maladie, et donc dans la construction d'une nosographie. Ainsi, la grippe est l'infection par un virus, le cancer est une conséquence possible de la cigarette, le diabète est lié à la production d'insuline, etc.

La difficulté à définir une limite santé–maladie et une classification suffisamment consensuelle des troubles mentaux tient entre autre au fait qu'il n'est pas possible d'identifier les agents pathogènes des souffrances psychiques. Plus généralement il est impossible d'en déterminer des origines simples et claires et de trancher entre plusieurs causes proposées (sociales, historiques, psychologiques, chimiques, biologiques, génétiques, morphologiques, transgénérationnelles, etc.)

Cette difficulté ajoutée à celle de ne pas disposer de théorie de la vie psychique consensuelle, a conduit à plusieurs théories explicatives de la souffrance psychique et autant de psychopathologies. Serban Ionescu[32] en recense ainsi quatorze en usage aujourd'hui, les psychopathologies : athéorique, comportementale, biologique, cognitiviste, développementale, écosystémique, éthologique, existentialiste, expérimentale, phénoménologique, psychanalytique, sociale, structuraliste, et enfin ethnopsychopathologique. Mais il en existe probablement d'autres. Par exemple, les théories des psychothérapies ont, pour certaines, donné naissance à des formes plus ou moins abouties de classification des troubles psychiques. Certaines d'entre elles ne se limitent d'ailleurs pas à la pathologie et proposent une classification couvrant à la fois la normalité et la pathologie, on pensera par exemple à la caractérologie de René Le Senne[33].

---

[32] Ionescu S. (2006).
[33] Le Senne R. (1945), Berger G. (1952).

Cette multiplicité d'approches n'est pas un problème pour la science psychopathologique, au contraire, elle montre la vitalité et l'inventivité des chercheurs. En revanche, cette diversité devient problématique pour les professionnels de la santé mentale qui s'appuient sur une nosographie en vue d'établir le diagnostic d'un trouble, pour prescrire un traitement et pour effectuer des recherches sur l'efficacité des traitements.

En résumé et en langage courant, il n'existe pas, pour l'instant, de réponses consensuelles aux questions : Comment « s'attrape » une maladie mentale ? Quels sont les mécanismes de développement de la maladie ?

4.3. Promotion et redéfinition des maladies mentales

Comme le relève Philippe Pignarre, en l'absence d'un étayage clair pour la définition des maladies mentales, le risque avéré est que les médicaments soient utilisés pour stabiliser les définitions[34]. Autrement dit, plus encore que le champ de la santé physique, celui de la santé mentale est un terrain favorable au développement du phénomène de redéfinition de la maladie à des fins mercantiles, le *disease mongering*. Par exemple, dans son ouvrage « Comment la psychiatrie et l'industrie pharmaceutique ont médicalisé nos émotions »[35], retraçant l'histoire du DSM depuis un demi-siècle, Christopher Lane[36] montre comment l'invention de nouvelles molécules ou la découverte de nouveaux effets de molécules existantes a largement contribué à ce que des émotions jugées jusque-là « normales », comme la timidité, deviennent de nouveaux troubles psychiques dûment répertoriés dans le DSM.

Cette absence d'étayage à la définition des maladies rend aussi la psychopathologie sensible aux influences des mouvements sociaux, qu'ils soient politiques, corporatistes, liés aux associations d'usagers et de malades ou simplement idéologiques. Le même ouvrage montre, par exemple, comment les groupements

[34] Pignarre P. (2008).
[35] Lane C. (2009).
[36] Spécialiste de l'histoire intellectuelle, enseigne et occupe une chaire de recherche à l'université Northwestern de Chicago.

d'homosexuels exigèrent que l'homosexualité ne soit plus considérée comme une maladie mentale et n'apparaisse plus dans le DSM et comment l'homosexualité fût effectivement déclassifiée, à la suite d'un vote. À l'inverse, les soldats traumatisés par la guerre et désireux d'être indemnisés demandèrent à être reconnus comme atteints d'un trouble psychique, et le « syndrome post-Vietnam » fût ainsi ajouté au DSM. Il montre également comment la volonté de miner la position dominante de la psychanalyse dans le milieu psychiatrique des États-Unis a conduit certains noms de maladies, trop connotés psychanalyse, à être abandonnés ou redéfinis. Enfin, l'ouvrage montre comment, en l'absence d'un fondement scientifique clair, l'élaboration d'une nosographie comme le DSM est aussi une affaire d'ambition personnelle, de prestige et de copinage.

Comme le remarque la psychiatre Claire Gekière[37], un système de classification qui connaît quatre versions en 20 ans, avec des remaniements importants à chaque version et surtout une inflation massive du nombre de catégories diagnostiques n'est pas méthodologiquement sérieux. En effet, leur nombre passe de 265 dans le DSM-III à 392 dans la dernière mouture[38], alors que les auteurs prétendent s'étayer sur des travaux empiriques validés réalisés par des centaines de praticiens et de chercheurs et que chaque nouvelle version s'appuie sur une critique de la précédente qui la disqualifie. La réponse du responsable du groupe de travail chargé d'élaborer le DSM-III, Robert Spitzer, à la question de savoir ce qui définissait, d'un point de vue théorique, une nouvelle maladie, laisse d'ailleurs perplexe : « C'était une question de logique [...]. Il fallait que cela corresponde. Le principal était que cela ait du sens. [...] Pour la plupart des catégories, c'était juste ce que produisait de mieux la réflexion de ceux qui semblaient avoir une expertise dans le domaine »[39].

---

[37] Gekière C. (2008), p. 45.

[38] Édité en 1968 le DSM-II répertoriait 180 maladies mentales, en 1987 le DSM-III-R en comptait 265 et en 1994 le DSM-IV en détaillait 392.

[39] Lane C. (2009), p. 85.

Une telle situation est le résultat d'enjeux multiples : économiques, politiques, sociaux, humains, entre autres, mais elle est surtout rendue possible par le cadre de pensée utilisé pour appréhender la souffrance psychique en santé mentale : parce que la médecine, pour opérer, requiert la construction d'une distinction santé–maladie ou normal–pathologique et donc la construction de nuances et de distinctions dans le champ de la pathologie sous la forme de nosographies.

4.4. Variabilité du diagnostic

Contrairement au diagnostic somatique pour la construction duquel le médecin dispose de marqueurs précis et fiables permettant de compléter les propos du patient, il n'existe pas d'analyse biochimique ni d'examen complémentaire permettant de confirmer le diagnostic d'un trouble mental. Le diagnostic psychopathologique se construit essentiellement dans le dialogue verbal entre le psychiatre et le patient et/ou son entourage. Inscrite irrémédiablement dans l'intersubjectivité, la construction du diagnostic est donc soumise aux enjeux humains, largement à l'insu des protagonistes. La subjectivité du patient va se manifester dans les faits qu'il choisit de mentionner, qu'il met en avant, voire qu'il invente, ceux qu'il omet ou transforme, sans que ces effets soient nécessairement volontaires et conscients. Côté psychiatre, de nombreuses études sociologiques montrent que le contexte social du clinicien intervient dans la construction de ses diagnostics[40]. Autrement dit, un même patient peut recevoir un diagnostic variant d'un clinicien à l'autre, et, donc, se voir prescrire un traitement variable, même si ces cliniciens utilisent la même classification psychopathologique, par le seul fait de l'intersubjectivité dans laquelle s'inscrit la situation patient–soignant.

Par ailleurs, d'autres études montrent que les diagnostics psychopathologiques ne sont généralement pas le résultat d'une construction méthodique et consciente. Ils sont posés, en majorité, après deux ou trois minutes d'entretien et, dans environ trois quarts des cas, après cinq minutes, ce diagnostic perdure ensuite et les clini-

---

[40] Phelan J. C., Link B. G. (2004).

ciens ne peuvent pas préciser comment ils l'ont construit[41]. Cette « première impression » est nécessairement plus sujette aux influences non conscientes qu'une construction méthodique et progressive.

5. Traitement et guérison

En santé mentale, les traitements prescrits relèvent principalement de deux formes : le médicament et la psychothérapie.

5.1. Médicaments : guérison et aménagement des symptômes

Lorsqu'un médicament psychotrope (antidépresseur, anxiolytique, neuroleptique, régulateur de l'humeur, hypnotique...) est prescrit, le trouble présenté par le patient est considéré comme étant le problème. La prescription a pour but de le débarrasser du problème pour obtenir un retour à l'état antérieur[42] ou, tout au moins, pour atténuer ou aménager les symptômes. Toute recherche de cause est donc écartée ou, plus exactement, puisque la molécule chimique agit sur le symptôme, la cause de la maladie considérée comme biochimique, même si cette cause n'est pas réellement comprise. C'est encore la logique de la réduction au plus vite du trouble, caractéristique du paradigme traditionnel, qui est à l'œuvre.

Toutefois, les traitements médicamenteux disponibles aujourd'hui ont des résultats variables (selon les études, les antidépresseurs « marchent » dans 50 % à 60 % des cas de dépression), voire aléatoires, sans qu'il soit possible d'expliquer les raisons du succès ou de l'échec sur tel ou tel patient[43] et ils ont souvent des effets secondaires plus ou moins invalidants[44].

---

[41] Gasser J., Stigler M. (2001).

[42] Gekière C. (2008), p. 46.

[43] Ehrenberg A. (2004a), p. 83.

[44] Selon les médicaments : somnolence, trouble de la mémoire, troubles de l'équilibre, phénomènes de dépendance et d'accoutumance, troubles sexuels...

Par ailleurs, la prescription de médicaments visant la suppression des symptômes est parfois éthiquement discutable. Considérons par exemple une femme présentant un abattement grandissant, une perte de goût de vivre, un sommeil de plus en plus aléatoire et des idées noires. Ces symptômes conduiraient sans doute assez vite à un diagnostic de dépression et donc, possiblement, à la prescription d'antidépresseurs. Considérons maintenant que cette femme se trouve dans une « voie de garage » professionnelle, qu'elle a perdu toute estime d'elle-même et toute confiance dans ses capacités après plusieurs années de vie avec un mari dévalorisant et manipulateur qu'elle n'a pas réussi à quitter au début de leur vie commune, car c'était le premier homme qui s'intéressait à elle. Dans cette situation, prescrire un antidépresseur ne reviendrait-il pas à permettre à cette patiente de tolérer une situation devenue manifestement intolérable pour elle ? Prescrire un psychotrope permettant de tolérer une situation ou, à l'inverse, œuvrer à ce que le patient puisse agir pour transformer cette situation constitue un choix éthique qui peut s'avérer délicat, mais qu'il est difficile de ne pas questionner.

5.2. Psychothérapies : réduction symptomatique versus mutation subjective

Dans les psychothérapies, il est courant de distinguer les thérapies brèves des psychothérapies plus longues.

Les thérapies brèves visent un effet ciblé sur le symptôme, sa disparition ou son évolution, en un petit nombre de séances. Elles entrent clairement et de façon évidente dans le paradigme traditionnel en se proposant de traiter sélectivement une affection. Toutefois, elles sont efficaces seulement sur un nombre limité de symptômes.

S'il est aujourd'hui reconnu que les psychothérapies plus longues « marchent », c'est-à-dire qu'elles ont des effets sur les symptômes, en revanche, leurs effets ne se limitent pas aux symptômes. Elles ont des effets de mutation subjective : transformation du vécu subjectif du patient en profondeur et dans son ensemble, de sorte que ces transformations ne peuvent pas être conçues comme une modification cumulative, localisée et éventuellement réversible. Autrement dit, l'évolution des symptômes est un des effets d'une transformation psychique plus globale. Du point de vue du strict traitement des symptômes, ces psychothérapies s'accompagnent donc d'effets secondaires qui sont généralement vécus comme positifs, mais qui restent imprévisibles en nature et en ampleur et sont variables d'un patient à l'autre.

6. Évaluation et efficacité

Comme dans les autres secteurs de la médecine, les préoccupations de coût, mais surtout le souci éthique de soulager au plus vite la souffrance jugée inutile, nécessitent l'évaluation de l'efficacité des traitements de la pathologie mentale. Cependant, si l'évaluation des médicaments et des thérapies brèves ne soulève pas de questions particulières, ce n'est pas le cas de l'évaluation des psychothérapies moyennes ou longues.

De nombreuses études, dont certaines déjà anciennes, se sont fixé pour objet l'étude de l'efficacité des psychothérapies, autant que faire se peut selon les canons de la médecine actuelle. La plus connue en France est sans doute l'évaluation de l'efficacité de différentes familles de psychothérapies publiée en 2004 par l'Inserm[45].

En matière d'évaluation de l'efficacité d'un traitement, la méthode des essais contrôlés randomisés en double aveugle (ECR) fait référence. Cette méthode consiste à mesurer les effets attribuables à une thérapeutique en comparant l'évolution de patients atteints de la même maladie, du même trouble, séparés en deux groupes. Le premier est traité selon la thérapeutique à évaluer. Le second sert de groupe témoin, les patients y reçoivent seulement un placebo d'apparence similaire à la thérapeutique testée. La répartition des patients dans chacun des deux groupes est réalisée de façon aléatoire, à l'insu des patients et à l'insu des cliniciens chargés de mesurer l'effet de la thérapeutique. Donc, ni les patients ni les cliniciens ne savent si le traitement qu'ils reçoivent ou dispen-

[45] INSERM (2004).

sent est la thérapeutique testée ou le placebo, c'est la règle du double aveugle.

L'application de ce type d'étude à la psychothérapie pour en mesurer l'efficacité se heurte à plusieurs limites méthodologiques importantes[46], en particulier pour les psychothérapies de durées moyennes ou longues. Les limites les plus aisément accessibles sont les trois suivantes.

Le protocole d'évaluation des ECR suppose que c'est bien la même thérapeutique, médicament ou psychothérapie, qui est administrée à tous les patients du premier groupe, ceux qui reçoivent la thérapeutique à tester. Si cette exigence ne pose pas de problème pour un médicament, en revanche pour une psychothérapie, dont l'application est très dépendante du praticien, comment s'assurer que c'est bien la même psychothérapie qui est appliquée, surtout sur de nombreuses séances ? La solution élaborée est de définir précisément le protocole d'intervention dans un manuel. Cette « manualisation » de l'intervention psychothérapique met l'accent sur la technique au détriment du thérapeute. Or nombre des psychothérapies moyennes ou longues font primer la relation thérapeutique sur la technique et nombre d'études montrent que la personnalité du praticien compte pour beaucoup dans leurs effets, voire que la relation thérapeutique et les qualités du praticien priment sur la méthode utilisée. Vouloir faire entrer les psychothérapies moyennes ou longues dans de tels protocoles revient donc à les dénaturer suffisamment pour qu'il ne soit pas possible de considérer que ce sont bien ces méthodes psychothérapeutiques que l'on évalue.

Le placebo, nécessaire à l'évaluation de l'efficacité d'un traitement, ne peut pas être construit en matière de psychothérapie : appliquer un protocole de traitement que l'on ne pourrait pas distinguer du protocole décrit dans le manuel d'intervention décrivant la psychothérapie à tester revient, à l'évidence, à appliquer la

---

[46] Le Moigne P. (2008).

même thérapeutique aux deux groupes. Aucun aménagement satisfaisant n'a été trouvé à ce jour pour ce problème.

La règle du double aveugle requiert que ni le patient ni le soignant ne sache si le traitement administré est la thérapeutique à tester ou le placebo. S'il est possible de donner une apparence similaire à un médicament et à une substance neutre, de sorte que ni le patient ni le soignant ne sachent si la pilule administrée est le traitement ou le placebo, c'est impossible en psychothérapie. On peut à la rigueur imaginer pouvoir définir un protocole d'intervention qui puisse laisser croire au patient témoin qu'il suit une psychothérapie, alors que ce n'est pas le cas, mais le soignant saura bien, lui, s'il applique ou non une psychothérapie. Par ailleurs, comment s'assurer que le protocole d'intervention appliqué au patient témoin, censé avoir l'allure d'une psychothérapie sans en être une, est effectivement neutre et sans effet sur ce dernier ?

Enfin, à ces trois difficultés vient s'ajouter une remarque méthodologique. La plupart des recherches sur les effets des psychothérapies s'appuient sur une comparaison de l'état du patient entre le début et la fin de l'intervention. Or, comme le remarquent Alain Blanchet et Patrick Thomassin, « cette façon de procéder [...] est tributaire d'une conception linéaire, cumulative et somme toute naïve, de l'évolution de la personne »[47]. Ils concluent : « il existe un hiatus entre les objectifs affichés par les psychothérapies et les méthodes couramment utilisées pour décrire leurs effets sur les patients, le chaînon manquant étant l'analyse des processus. Autant ces processus sont complexes, autant paraissent rudimentaires, voire simplistes, les méthodes choisies pour les évaluer ».

La conclusion semble être que plus on formalise le protocole des essais cliniques en matière de psychothérapie et plus on s'éloigne de la pratique effective des cliniciens[48], « la méthodologie des ECR est ajustée aux approches comportementales fondées sur des interventions simples, sur des patients participant à un essai

[47] Blanchet A., Thomassin P. (2007), p. 582.
[48] Garfield S. L. (1992), cité dans Le Moigne P. (2008), p.230.

de laboratoire »[49]. Et cela, non pour des raisons techniques dont on peut espérer qu'elles soient résolues tôt ou tard, mais parce que les spécificités des psychothérapies et de la vie psychique sont incompatibles avec les principes mêmes des essais contrôlés randomisés, « incarnation de la doctrine de l'expérimentalisme dans laquelle l'efficacité fait preuve »[50]. En France, l'évaluation des psychothérapies, notamment le rapport de l'Inserm en 2004, a soulevé un tollé. Cependant, ce n'est pas l'évaluation et la recherche du traitement le plus efficace qui sont critiquables, elles sont inhérentes au paradigme traditionnel et appropriées dans ce cadre. Ce qui est critiquable c'est le recours à des protocoles n'évaluant pas ce que les rapports publiés disent évaluer. C'est que les résultats soient publiés comme si les protocoles ne manquaient pas largement leur cible.

Cependant, selon Jean-Michel Thurin[51], une révolution semble en cours dans l'évaluation des psychothérapies. Elle consiste à abandonner l'idéal de la mesure de l'efficacité en laboratoire pour revenir à des études en situation clinique, avec de vrais patients, de vraies pratiques psychothérapiques, dans de vraies situations patient–soignant, mais aussi, et surtout, à la réalisation d'études centrées sur le « pourquoi » et le « comment » une psychothérapie produit des effets[52]. Ce tournant, qui marque l'abandon d'une recherche centrée sur l'évaluation de l'efficacité, date seulement de quelques années. La mise en œuvre de telles études nécessitant des moyens et des durées bien plus conséquents que les tentatives d'ECR, des études sont en cours[53], mais l'obtention de résultats consolidés demandera sans doute plusieurs années. Cependant, ce tournant reconnaît d'ores et déjà une limite importante dans le recours au paradigme traditionnel en matière de souffrance psychi-

[49] Thurin J-M. (2008), p. 236.
[50] Le Moigne P. (2008), p. 215.
[51] Psychiatre psychanalyste, président de l'école de psychosomatique, ancien président de la Fédération Française de Psychiatrie, enseignant à université Pierre et Marie Curie, co-auteur de l'évaluation Inserm sur l'efficacité comparée des psychothérapies INSERM (2005) ; Thurin J-M. (2008), p.236.
[52] Briffault X. (2007), p. 911-923.
[53] Thurin M., Lapeyronnie-Robine B., Thurin J-M. (2006), p. 591-603.

que et marque une entorse radicale avec le principe de recherche du meilleur traitement en vue d'une guérison au plus vite.

7. Résumé

Les sections précédentes montrent que, en matière de santé mentale, les grandes lignes du paradigme traditionnel (distinction santé–maladie, maladie inutile, diagnostic–pronostic–prescription–évaluation, mesures d'efficacité) sont présentes, mais soulèvent plusieurs questions dans leur mise en œuvre :

- La psychopathologie constitue l'épistémologie de la psychiatrie, de la psychologie clinique et de la psychothérapie mise en œuvre par les futurs psychothérapeutes légaux[54], l'absence d'étayage clair à la définition des maladies rend la distinction santé–maladie et la définition des maladies mentales sensibles à diverses pressions économiques, sociales, politiques.
- L'absence de nosographie consensuelle complique le travail des professionnels de la santé mentale.
- L'établissement du diagnostic est sujet à variation par son inscription dans l'intersubjectivité de la situation patient–soignant.
- Les traitements médicamenteux actuels ont souvent des effets secondaires délétères connus et les psychothérapies de durée moyenne et longue ont nécessairement des effets secondaires imprévisibles.
- L'évaluation de l'efficacité des psychothérapies soulève des questions méthodologiques insurmontables et elle est abandonnée au profit de recherches sur le « pourquoi » et le « comment » de leurs effets.

Ce constat de difficultés rejoint en grande partie les propos de Alain Ehrenberg[55] lorsqu'il écrit que la crise touchant la psychiatrie

---

[54] Dont les conditions de formations ont été fixées par l'article 52 du 4 août 2004 modifié par l'article 91 de la loi « Hôpital, patients, santé et territoires » du 24 juin 2009.

[55] Sociologue, directeur du centre de recherche « Psychotropes, santé mentale, société » (CESAMES), CNRS-Inserm-Université René-Descartes Paris 5.

et la psychopathologie dans son ensemble est totale : conception du patient et de la clinique, limites de la psychiatrie, misère des moyens, périmètre d'action et accroissement inflationniste des demandes, incertitude quant au statut de pathologie donné à de multiples problèmes, crispations sur les méthodes thérapeutiques, interrogation sur le rôle des normes sociales dans la transformation de la clinique et des profils pathologiques, etc. Que soigne-t-on ? Mais aussi, s'agit-il toujours de soin ?[56]

Ces limites et difficultés très concrètes rencontrées dans la prise en charge de la souffrance psychique ne sont pas toutes conjoncturelles et ce n'est pas le niveau de compétence des soignants, ni l'étendue des connaissances, ni le degré d'élaboration des méthodes et techniques qui sont en cause. Elles sont en grande partie la conséquence du recours au paradigme traditionnel pour appréhender la souffrance psychique. Michel Foucault avait déjà soulevé la question il y a plus d'un demi-siècle : « On peut se demander si l'embarras ne vient pas de ce qu'on donne le même sens aux notions de maladie, de symptômes, d'étiologie en pathologie mentale et en pathologie organique. S'il apparaît tellement malaisé de définir la maladie et la santé psychologiques, n'est-ce pas parce qu'on s'efforce en vain de leur appliquer massivement des concepts destinés également à la médecine somatique ? »[57]

La prégnance culturelle du paradigme traditionnel, dominant aujourd'hui, son évidence naturelle, oriente spontanément notre regard et notre réflexion lorsqu'il s'agit d'appréhender, d'expliquer, de porter remède à un problème, un dysfonctionnement, une souffrance. Et il n'est pas question ici de remettre en cause le recours à ce cadre de pensée sans doute nécessaire à notre organisation sociale et dont certains moyens soulagent indéniablement la souffrance psychique de patients.

Cependant, les limites rencontrées dans ce paradigme pour prendre en compte la souffrance psychique laissent espérer, d'une part, que d'autres cadres de pensées sont possibles pour appréhender cette souffrance et la prendre en charge et, d'autre part, que ces

---

[56] Ehrenberg A. (2004a), p. 84.
[57] Foucault M. (1954), p. 1-2.

différents cadres de pensée peuvent cohabiter, tant le souci de répondre à la souffrance humaine devrait primer sur les enjeux corporatistes, économiques et politiques.

Enfin, la psychiatrie, discipline médicale et donc fondée sur une distinction santé–maladie, et la psychologie clinique, discipline fondée sur une distinction normal–pathologique, relèvent clairement du paradigme traditionnel. Pour autant, les psychiatres et les psychologues cliniciens n'inscrivent pas forcément tous leur pratique dans ce paradigme comme l'ont montré les débats autour de la réglementation du titre de psychothérapeute et les résistances au mouvement général de médicalisation de la souffrance psychique.

Par ailleurs, au sein des pratiques à orientation psychologique, d'autres activités, comme le développement personnel, le coaching et, sans doute, nombre d'approches de psychothérapie, visant l'accompagnement au changement ou à la croissance, ne se reconnaîtront pas d'emblée dans ce paradigme traditionnel. Pourtant, ces approches s'appuient généralement sur un bilan au moins partiel de la personne, en référence plus ou moins explicite à une distinction santé–maladie et/ou à un idéal, et sur la détermination d'objectifs à atteindre, qu'il s'agisse d'un retour à un équilibre, de la restauration d'une capacité considérée comme perdue ou du développement d'une compétence jugée manquante ou insuffisante. En fixant des objectifs bien définis initialement au processus d'accompagnement, elles spécifient de fait des critères de mesure du travail et ouvrent à la possibilité d'évaluer et de comparer l'efficacité des pratiques. Par ailleurs, l'important étant d'atteindre les objectifs fixés, il est légitime de recourir à la technique la plus efficace dans ce but. Par exemple, si une personne souhaite augmenter sa confiance en elle, améliorer ses compétences relationnelles ou vaincre le trac qui la bloque dans les situations importantes, elle peut légitimement attendre du professionnel auquel elle s'adresse qu'il utilise les meilleurs outils et techniques disponibles pour atteindre l'objectif qu'elle s'est fixé et pour lequel le professionnel a accepté de l'aider. Ces approches s'inscrivent donc de fait dans le paradigme traditionnel.

CHAPITRE 4 – LA VIE PSYCHIQUE : CARACTÉRISTIQUES ET DÉVELOPPEMENT AU COURS DE L'EXISTENCE

Les recherches scientifiques conduites au cours des dernières décennies au sujet de la vie psychique et de son développement, notamment en sciences cognitives, ont produit d'importantes connaissances et conduit à une révision des représentations en vigueur. Compte tenu de l'intérêt que suscite ce domaine d'investigation de la psychologie, il est probable que les années à venir verront ces connaissances s'enrichir de façon significative. Cependant, les connaissances actuelles permettent déjà de jeter les bases d'un nouveau cadre de pensée pour aborder la vie psychique et appréhender la souffrance psychique.

La construction de ce cadre de pensée vise à proposer un cadre général susceptible de concerner différentes pratiques de psychothérapie développées dans le cours du siècle dernier, pratiques qui ne s'inscrivent pas dans le paradigme dominant, mais dont l'utilité est pourtant reconnue, tant par les usagers qui y ont recours, que par plusieurs études scientifiques.

Il importe de rappeler à nouveau que l'intention ici n'est pas d'opposer le paradigme traditionnel au paradigme construit dans les pages suivantes, ni a fortiori de viser à remplacer le premier par le second. Il s'agit de proposer une alternative au cadre de pensée dominant qui propose un fondement pour certaines pratiques de psychothérapie ne se reconnaissant pas dans ce paradigme, et pourtant mises en œuvre depuis plus d'un demi-siècle.

1. Remaniement des connaissances

1.1. Développement psychique tout au long de la vie

Pendant longtemps, assimilant sans doute développement psychique et développement somatique, l'étude du développement psychique s'est focalisée sur l'enfance et l'adolescence, considérant que les changements rapides de ces périodes conduisaient à un palier : la maturité. Si l'idée de considérer le développement psychique comme un processus ininterrompu de la naissance à la mort n'est pas nouvelle, c'est depuis quelques décennies seulement que se développe l'étude des changements survenant au cours de la tranche de vie la plus longue de l'existence humaine : l'âge adulte et la vieillesse. Ce nouveau domaine de recherche en psychologie du développement est qualifié de *Life-Span Developmental Psychology*, en français de « développement tout au long de la vie » ou de « développement vie-entière ». Toutefois, la jeunesse de ce domaine de recherche et les difficultés d'investigations liées notamment à l'ampleur de la tranche de vie concernée, 50 à 70 ans, entraînent que la plupart des ouvrages et publications disponibles aujourd'hui restent centrés sur le début de la vie : l'enfance et l'adolescence.

Les connaissances produites par ce courant de recherche viennent corroborer certains savoirs de sens commun. Elles suggèrent notamment que[1], appréhendés à l'échelle de la vie entière, les changements psychologiques ont les caractéristiques suivantes :

- Ils se produisent de façon asynchrone dans les différentes dimensions des fonctions psychologiques et sont marqués par des accélérations et des ralentissements, parfois par des régressions.
- Ils sont influencés par le contexte sociohistorique dans lequel la personne vit et sont donc sujets à de fortes variations individuelles.
- Enfin, l'idée de déclin à laquelle est associée la vieillesse est, en partie, un jugement conjoncturel lié à notre culture et à notre époque.

Les sections suivantes reviennent plus en détail sur ces points.

1.2. Plasticité cérébrale, une spécificité

L'évolution des organes au cours de la vie correspond, en général, au développement somatique : croissance dans l'enfance et l'adolescence, stationnaire à l'âge adulte puis détérioration mar-

[1] M. Deleau (2008), p. 303 et suivantes.

quée à partir de l'âge mûr. On a longtemps cru qu'il en allait de même pour le cerveau, pensant notamment que sa maturité était caractérisée par la stabilité des connexions neuronales.

Biologiquement, le cerveau peut être conçu comme achevé très tôt. En effet, l'essentiel de nos cent milliards de neurones est constitué dès la dix-huitième semaine de grossesse et nombre d'entre eux vont disparaître sans renouvellement dès ce moment et tout au long de la vie.

Les nouveaux moyens d'investigation du cerveau développés au cours la seconde moitié du siècle dernier ont conduit à l'accroissement considérable des connaissances au sujet de la vie psychique et à l'essor d'une nouvelle discipline : les sciences cognitives.

Depuis une trentaine d'années, notamment par le recours à des moyens d'observation de plus en plus sophistiqués, les chercheurs ont découvert que, loin d'être stable, le cerveau est caractérisé au contraire par une grande plasticité[2] : l'organisation du réseau de neurones se modifie tout au long de la vie. Les connexions entre ces neurones –chaque neurone en établit en moyenne dix mille– vont proliférer tout au long de la vie entraînant un perpétuel remaniement du cerveau en fonction des expériences vécues et des événements de la vie. Certaines connexions se créent, d'autres se renforcent, d'autres encore disparaissent en fonction des expériences vécues. Cette plasticité est le gage de notre capacité d'apprentissage, de notre adaptabilité aux modifications de notre environnement et de notre individualité liée à notre histoire personnelle unique et différente de toute autre. Même s'il peut être considéré comme morphologiquement achevé au début de l'âge adulte, le cerveau n'est donc jamais structurellement achevé, contrairement aux autres organes.

On a pu par exemple observer, après amputation d'un membre d'un patient, une réorganisation cérébrale marquant l'adaptation du patient à cette nouvelle situation. Puis, dans un second temps, après une greffe d'un membre à la place du membre amputé, on a pu observer une nouvelle réorganisation cérébrale venant, en partie,

---

[2] Lambert P. (2006).

annuler la première[3]. Cet exemple illustre qu'il s'agit bien plus d'une possibilité permanente de réorganisation que d'un simple enrichissement ou d'une simple accumulation sans remise en cause des acquis précédents.

Les mécanismes de base du fonctionnement du cerveau sont de mieux en mieux décrits et expliqués. En revanche, la façon dont l'expérience vécue est intégrée dans l'organisation cérébrale par une transformation de celle-ci est encore largement mal comprise.

1.3. Imprégnation culturelle traversée par le génétique

Le cerveau est donc un organe tout à fait à part. Imaginons par exemple une personne née dans un coma ne lui permettant aucun contact avec le monde extérieur et sortant de ce coma seulement à l'âge de vingt ans. Si elle reçoit des soins suffisants, cette personne aura eu sans doute un développement physique presque normal même si sa musculature et son squelette auront certainement pâti d'une aussi longue position allongée. Autrement dit, physiquement cette personne aura l'allure et la composition des autres personnes de même âge qu'elle.

En revanche, cette personne ne parlera pas, elle n'aura développé aucune de ses aptitudes motrices, en particulier elle ne marchera pas, elle n'aura aucune des connaissances qu'une personne de vingt ans est censée avoir acquis au cours de son cursus scolaire, ni aucune des compétences sociales et relationnelles nécessaires à la vie quotidienne, etc. Cette personne aura un niveau de développement psychique, donc un réseau neuronal, sans doute proches de ceux d'un nouveau-né.

Au niveau psychique, en pensant par exemple aux pieds bandés des Chinoises, aux scarifications traditionnelles, aux opérations de chirurgie esthétique contemporaines, on peut dire que le physique est l'expression des gènes sous influence culturelle. À l'inverse, le psychique est lui une impression culturelle, résultant d'un parcours de vie, sous influence génétique, sinon il serait difficile de distinguer psychiquement les membres d'une fratrie. Dit autrement, le réseau neuronal est la trace, toujours mouvante et en réorganisa-

[3] Giraux P., Sirigu A. (2003), p. 60-63.

tion, d'une culture et d'une histoire singulière, « traversée » par un donné génétique.

2. Multiples dimensions du développement psychique

La vie psychique peut être abordée selon différentes dimensions : l'intelligence (logico-mathématique), l'autonomie, la stabilité émotionnelle, la construction identitaire, les aptitudes sociales, la maturité, l'acquisition des connaissances et savoir-faire, etc. Le développement psychique se déroule tout au long de la vie dans chacune de ces dimensions selon des rythmes asynchrones. Sans prétendre à aucune exhaustivité, cette section évoque quelques-unes de ces dimensions, utiles pour la suite de l'ouvrage.

2.1. Vie psychique indissociable du milieu

Pouvoir observer la vie psychique, indépendamment du milieu immédiat dans lequel elle s'inscrit, est un espoir vain. Elle n'existe pas *ex nihilo*, en elle-même. Au contraire, la vie psychique est une interaction perpétuelle avec de nombreux facteurs du milieu dans lequel se trouve la personne, y compris le milieu de laboratoire lorsque c'est dans un tel milieu qu'elle est observée. La distinction courante entre une personne et son milieu n'est qu'une abstraction. Appauvrir ce milieu pour en minimiser les effets, n'amènerait pas à observer une vie psychique plus « pure », mais conduirait seulement à l'observation d'une vie psychique en milieu appauvri. Toute observation de la vie psychique est irrémédiablement inscrite dans la situation, jamais négligeable, d'observation.

La particularité du développement psychique, de se prolonger tout au long de la vie, rend l'étude des influences du milieu sur ce développement particulièrement délicate. En effet, il est éthiquement inconcevable de placer une personne dans un environnement contrôlé sur une durée suffisante pour observer l'influence de ce milieu sur son développement psychique. Les études doivent donc se dérouler *in vivo*, dans le cours de la vie réelle tout en couvrant toute la durée de la vie, soit couramment aujourd'hui, plus de 70 ans.

Malgré ces difficultés, les chercheurs actuels s'accordent pour considérer que les dimensions sociales et environnementales influent tout autant sur le développement psychique que les dimensions biologiques et héréditaires. Mais la nature de ces apports varie d'une théorie du développement à l'autre. Les sections suivantes s'attardent plus particulièrement sur trois dimensions du développement psychique qualifiées de socialisation[4], d'autonomisation et de construction identitaire, qui contribuent à ce processus, mais auxquelles il ne saurait être réduit.

2.2. Socialisation tout au long de la vie

Les comportements instinctifs du nourrisson ou de l'enfant ne suffisent pas à assurer sa survie et elle dépend, à ce stade de la vie, de la prise en charge par d'autres êtres vivants[5]. Le nouveau-né doit progressivement acquérir un ensemble de connaissances, de représentations et de pratiques nécessaires à sa survie dans son milieu écologique et social et notamment le maniement de la langue. Dans les premières années de la vie, la transmission est principalement assurée par les parents et par l'entourage proche. Cette première socialisation est progressivement complétée par la fréquentation des institutions et des groupes sociaux que l'enfant, l'adolescent puis l'adulte vont rencontrer. Initialement passive dans les premières années de la vie, la personne devient de plus en plus active dans ce processus de socialisation. À l'âge adulte, elle continue à être enrichie et transformée par les milieux traversés et les expériences vécues, mais elle peut également contribuer à

---

[4] Le terme de socialisation est à comprendre ici dans sons sens commun de « processus par lequel l'enfant intériorise les divers éléments de la culture environnante (valeurs, normes, codes symboliques et règles de conduite) et s'intègre dans la vie sociale » (selon le dictionnaire Larousse) et non dans le sens scientifique du concept de socialisation tel qu'il est compris en sciences sociales (cf. Ferréol G. (2002), p. 199). Ainsi comprise, la socialisation touche également les connaissances et pratiques en vigueur dans son milieu social et elle ne se limite pas à l'enfance mais se prolonge tout au long de la vie.

[5] Le philosophe spécialiste en psychologie sociale Lucien Malson à ainsi montré, dans son ouvrage de référence, que les humains peuvent grandir et survivre chez les loups, Malson L. (1964).

transformer la culture dans laquelle elle vit, et ce, jusqu'à la fin de la vie.

La socialisation touche tous les aspects de la vie psychique : les normes, les valeurs, le corps, l'émotion, la pensée, l'action, la perception de l'environnement, du temps, le rapport à la mort, les routines de communication, les repérages relationnels, etc.

Nombre de facettes de notre façon d'être au monde, résultat toujours en remaniement de ce processus de socialisation, échappent à notre conscience et ne sont habituellement pas remarquées. Cependant, certaines d'entre elles peuvent être mises en évidence dans des situations particulières. On songera par exemple au choc que peut constituer l'immersion dans une autre culture, non pas comme touriste en vacances, mais comme nouvel habitant ayant à vivre durablement dans cette autre culture. Plus couramment, on peut aussi penser à l'épreuve que peut parfois constituer la rencontre de la famille de son conjoint, son côtoiement au quotidien et sur un temps suffisamment long : c'est toute une façon d'être et d'être ensemble qui est à découvrir.

Au cours de ce processus permanent de socialisation, les connaissances, les représentations et les pratiques transmises sont toutes et toujours susceptibles de remaniements ultérieurs. Par exemple, une famille empreinte de méfiance vis-à-vis d'autrui transmettra une peur de l'autre qui ne sera pas sans conséquence sur les compétences sociales et relationnelles de la personne. Cependant, cette culture familiale de la méfiance est susceptible d'évoluer, pour la famille ou pour l'un ou l'autre de ses membres en fonction des expériences vécues et des contextes rencontrés.

2.3. Autonomisation graduelle

Au fil de sa croissance, l'enfant puis l'adolescent développe des capacités relationnelles et des capacités d'autonomie. À chaque moment de cette croissance, son équilibre psychique dépend en grande partie de l'adéquation de son système relationnel à son degré d'autonomie. Dans les premiers temps de la vie, le système de soutien de l'enfant est principalement constitué de ses parents, mais aussi d'objets dits « transitionnels », sucette, pouce, « doudou », peluche, etc. Ensuite, le système de soutien de l'adolescent puis de l'adulte se diversifie et s'enrichit pour englober : ses relations ; des objets toujours transitionnels, mais plus en adéquation avec son âge, voiture, stylo, vêtement... ; les lieux qui lui sont chers ; les activités auxquelles il tient ; les valeurs auxquelles il croit, etc. Mais progressivement il est lui-même capable de jouer un rôle dans son propre soutien, devenant ainsi moins dépendant de l'extérieur. Ce processus d'autonomisation ne conduit pas d'une totale dépendance à une totale indépendance, bien que cette dernière puisse parfois constituer un espoir, voire un objectif enviable. Même à l'age adulte, l'équilibre psychique dépend largement de l'« extérieur », du système de soutien, même si nous n'en avons pas conscience.

Les systèmes de soutien diffèrent largement d'une personne à l'autre, et, pour un même individu, d'une époque de sa vie à une autre. Certains comptent surtout sur eux-mêmes, d'autres tissent des liens solides, mais peu nombreux, d'autres encore développent de nombreuses relations d'intensité variable. Certains vont s'appuyer sur des valeurs auxquelles ils croient fermement, alors que d'autres vont vivre leurs activités professionnelles ou ludiques comme indispensables à leur équilibre psychique. Chaque système de soutien a ses avantages et ses inconvénients, rendant la personne plus sensible à certains aléas de la vie et moins à d'autres. Il n'existe donc pas de système de soutien idéal, seulement des systèmes plus ou moins sensibles aux aléas qui ne manqueront pas de se produire tout au long de la vie entraînant des remaniements durant toute l'existence.

Le système de soutien d'une personne est habituellement silencieux : c'est le fond sécuritaire non perçu sur lequel se déroule l'existence quotidienne de chacun. Cependant, la disparition d'un proche, la mise à mal de nos valeurs, un changement de domicile ou de profession, la perte d'un objet investi affectivement, l'interruption contrainte d'une activité vécue comme importante peuvent provoquer une perturbation psychique qui fait apparaître, momentanément ou plus durablement, un pan du système de soutien. Cette perturbation met en évidence la contribution de ce proche, de ces valeurs, de ce lieu ou de cette profession, de cette activité à notre équilibre psychique et porte ainsi à la conscience, momentanément, un pan du système de soutien.

2.4. Construction identitaire progressive

À la naissance, le nouveau-né est déjà doté d'une originalité biologique, héréditaire et d'une histoire utérine, mais son identité est sans doute seulement embryonnaire. Il est identifié essentiellement par les attentes et les représentations dont il est l'objet de la part de son entourage et de la société. Ce sont sa trajectoire historique et son intégration originale des événements vécus, intégration toujours reconduite au cours de l'existence, qui façonnent l'identité de chaque être humain. Cette identité, issue de la biologie, de l'hérédité, de l'histoire et de la socialisation, peut être vécue comme subie, lorsque par exemple une personne se plaint de sa morphologie, de ses ancêtres ou d'événements de sa vie. Mais la personne n'est pas seulement livrée aux aléas de la vie, elle n'est pas seulement le jouet du destin : elle peut exercer une forme de gouvernance de sa vie. Si tout n'est pas prévisible, une forme de choix, et donc de responsabilité sur la personne qu'elle devient, est possible. En choisissant de vivre ou, au contraire, d'éviter certaines situations et épreuves, elle peut se revendiquer ou s'éprouver responsable, au moins en partie, d'être ce qu'elle est aujourd'hui.

L'identité individuelle dans laquelle une personne se reconnaît est un des facteurs du sentiment d'existence. Par exemple, je me reconnais comme père de famille, comme psychothérapeute, comme ayant vécu et traversé les différents événements marquants de ma vie. L'identité est un des éléments à partir desquels nous entrons en interaction avec les autres et à partir desquels nous nous inscrivons dans des relations plus durables avec eux.

Cette identité individuelle n'est jamais fixée, c'est une construction qui évolue tout au long de la vie au gré des événements subis ou choisis, des réflexions, des prises de conscience, des réorganisations de notre histoire, etc. Ainsi, certains événements nous amènent à nous interroger sur qui nous sommes, sur qui nous avons été et sommes en train de devenir. Ces crises identitaires ne sont pas toujours provoquées par un événement identifiable, elles sont parfois seulement liées au temps qui passe et aux réorganisations psychiques accompagnant l'avancée en âge.

2.5. Développement et maturation

Ces trois axes, socialisation, autonomisation et construction identitaire, sont des façons de regarder le développement psychique et non des dimensions indépendantes de ce développement. Les aspects évoqués dans les sections précédentes sont présents ensemble et s'influencent mutuellement tout au long de l'existence. C'est sur la base des compétences acquises dans le processus de socialisation que le système d'étayage s'élabore et, réciproquement, le système d'étayage va concourir à la poursuite de socialisation de la personne. Le processus de socialisation va contribuer à la construction identitaire de la personne et, réciproquement, la façon dont elle va construire sa vie va influencer sa socialisation. Enfin, le système d'étayage contribue à façonner l'identité de la personne, laquelle identité va affecter la construction et l'évolution du système d'étayage.

La maturité, souvent associée à l'âge adulte, est habituellement conçue comme un état abouti, stable et optimal. Or, il existe autant de maturités que d'âges : la maturité de 20 ans n'est pas celle de 40 ans ni celle de 60 ans et encore moins celle de 80 ans. Chacune serait à décliner en autant de maturité que d'axes de développement. Enfin, il existe autant de rythmes de maturation que de personnes. La maturité ne peut donc être conçue que comme multiple.

Avec l'allongement de l'espérance de vie au cours du siècle dernier, la période qualifiée d'âge adulte est devenue de très loin le temps le plus long de la vie. La diversification et la complexification de la vie actuelle ainsi que la rapidité des évolutions sociales et culturelles démultiplient les expériences et les trajectoires de vie. Le mot de maturité bien que toujours utilisé dans le langage courant n'est sans doute plus, aujourd'hui, un repère pertinent pour approcher le développement psychique.

3. Caractéristiques du développement psychique

3.1. Permanence et imprévisibilité

Il est uniformément accepté aujourd'hui que le développement psychique se poursuit jusque dans la vieillesse au cours de laquelle des évolutions et des transformations psychiques sont encore possibles. Par ailleurs, ce développement ne relève pas seulement d'une simple accumulation, il s'agit d'une réorganisation du psychisme et donc d'une transformation, et ce, même si nous éprouvons un sentiment de stabilité et de continuité.

Le développement psychique continu concerne l'acquisition de nouvelles connaissances et de nouvelles compétences et savoir-faire, le remaniement des apprentissages antérieurs. Il concerne aussi, plus largement, l'ensemble de la vie psychique et se présente dans le langage courant, à travers différentes expressions : acquérir de l'expérience, mûrir à travers les aléas de la vie, gagner en assurance, en confiance, acquérir une carrure, un recul face aux événements, atteindre une sagesse, évoluer dans son rapport à la vie, à la mort, à l'autre, etc.

Comme le remarquent Sally W. Olds et Diane E. Papalia dans leur ouvrage de référence sur le développement humain, « si les personnes se développent généralement selon la même séquence, il existe de nombreuses différences individuelles quant au moment et à la façon dont ces changements se produisent »[6]. Elles poursuivent en notant que « la majorité des enfants franchissent les étapes du développement à des âges semblables, car ces étapes sont liées à une maturation assez fixe du corps et du cerveau. [...] Plus tard dans la vie, les expériences et le milieu exercent une plus grande influence ».

De multiples études menées dans le but de mieux cerner le développement psychique ont conduit à la proposition de plusieurs théories du développement selon différents axes. La psychanalyse,

---

[6] Olds S. W., Papalia D. E. (2004), p.5.

le comportementalisme, le cognitivisme, l'humanisme et l'approche écologique proposent les principales théories du développement[7]. Chacune porte un regard différent, selon une combinaison particulière des influences biologiques et héréditaires et des influences sociales et environnementales, sans qu'aucune de ces approches ne soit reconnue comme exhaustive ni supérieure aux autres. Ces théories ont avant tout une valeur indicative et descriptive et aucune ne prétend constituer une norme. Par ailleurs, elles ne sont pas suffisamment précises pour servir de base à un jugement de normalité du développement psychique ni pour en permettre une prévision, même si certaines approches ou certains praticiens les utilisent à ces fins. En effet, les théories organisant le développement en une succession de stades proposent couramment une partition de l'âge adulte, entre 20 ans et la fin de la vie, en trois ou quatre étapes, chacune couvrant en moyenne 15 à 20 ans. Des étapes d'une telle durée ne conduisent qu'à des considérations très générales et insuffisantes pour constituer, en l'état, un repérage permettant de définir une notion de développement psychique « normal ».

Le développement psychique est donc permanent et, aujourd'hui, aucune théorie consensuelle ne le cerne de façon précise pour l'âge adulte. Il n'existe pas non plus de définition claire et précise de ce qu'est ou devrait être le développement psychique normal d'une personne à l'âge adulte.

Habituellement, la personne n'a pas conscience de ce développement psychique en cours continuellement et elle se vit au quotidien dans une forme psychique établie, fût-elle établie dans l'instabilité. C'est seulement en se retournant sur son passé, ou en remarquant une réaction différente à un événement qu'elle peut constater une différence entre « avant » et « maintenant ». Mais ce constat du changement réalisé ne lui donne pas pour autant une conscience du changement en cours.

[7] Olds S. W., Papalia D. E. (2004).

3.2. Fluctuations imprévisibles

Pendant tout le temps du développement somatique, la croissance est continue, tantôt lente et tantôt rapide, mais normalement sans recul ni détérioration : elle est continûment croissante.

Le développement psychique est au contraire caractérisé par des fluctuations : des phases, qui peuvent être jugées et/ou vécues comme des phases d'avancée, de progression, de croissance, alternent avec des phases qui peuvent être jugées et/ou vécues comme des phases de blocage voire comme des phases de recul, de régression, de détérioration.

De telles phases de blocage ou de détérioration correspondent dans le langage courant à différentes expressions : sentiment de blocage, situation d'échec, rupture, phase de remise en cause des valeurs, crise existentielle, doutes, impression de recul de l'autonomie, de perte de repères, de confiance, remise en cause d'idéaux, processus de deuil, impression de ne plus être à sa place, sentiment de répétitions, de limites, de mal-être diffus, etc. De façon plus générale, on parlera de problèmes, de difficultés, de souffrance, de « symptômes ».

Ces fluctuations, jugées et/ou vécues comme des progressions, des régressions ou des moments de blocage, marquent des réorganisations psychiques successives affectant toutes les dimensions de la vie psychique. Ce sont des temps de remise en cause des représentations, des croyances, des fondements identitaires, des façons de penser et d'agir, des moments de transformation de nos rapports aux autres, au monde, de développement de l'autonomie, de modification de nos étayages et de nos besoins d'étayage, etc.

Ces crises semblent inhérentes au processus de développement psychique et nul n'est épargné. Elles sont vécues par la personne et par l'entourage comme plus ou moins graves et durent parfois longtemps. Certaines crises semblent causées par des événements extérieurs tels que décès, rupture, licenciement, etc. D'autres semblent plus liées à un processus de « transformation intérieure », comme un changement de notre système de valeurs, une évolution de notre façon de voir le monde, etc. D'autres encore ne trouvent aucune origine valable aux yeux de la personne qui les traverse ni aux yeux de son entourage. Ces différentes explications permettant de construire du sens à ces fluctuations, sens qui peut évoluer et se transformer de sorte qu'un même événement peut recevoir plusieurs sens successifs voire plusieurs sens concomitants.

Une personne est toujours située dans un contexte, fût-ce un contexte d'observation scientifique. Dit autrement, la psyché est toujours inscrite dans le monde et indissociable de ce monde. Les événements étant largement imprévisibles, les fluctuations du développement psychique, en partie liées à ces événements, le sont tout autant en nature et en ampleur. De surcroît, les effets psychiques d'un événement, même prévu et anticipé, sont imprévisibles. Même deux événements apparemment similaires, mais se produisant à deux moments différents de la vie d'une personne n'auront pas le même effet. Un événement peut par exemple, à une époque, déclencher une crise alors qu'un autre événement, en apparence similaire, peut déclencher, à une autre époque, un changement qui peut être vécu comme un grand pas en avant.

La caractéristique du développement psychique est donc d'être imprévisible. Dit autrement, chaque transformation du réseau neuronal ouvre à une nouvelle configuration dont les caractéristiques ne sont pas prévisibles : il s'agit d'une réorganisation, d'une mutation et non d'un simple ajout ou d'une augmentation.

Le rythme des fluctuations, l'ampleur et la durée des crises, ainsi que les étapes traversées, sont liés au parcours personnel de chacun et sont donc éminemment individuels. Même si le langage courant nomme certaines étapes qui semblent partagées : crise de la cinquantaine ou de la quarantaine… ou de la trentaine, démon de midi, crise d'adolescence, la crise des trois ans ou celle des sept ans dans le couple, etc. Rien ne permet d'affirmer que nous traversons tous des crises entrant dans ces dénominations, ni que ceux qui les traversent le font au même âge, ni qu'elles ont la même ampleur.

Les périodes vécues comme des périodes de progression, de croissance sont habituellement vécues comme « normales », même si elles ne sont pas toujours confortables. En revanche, les périodes vécues comme des périodes de blocage, de recul, de détérioration, de régression sont généralement désagréables, voire accompagnées de souffrance. Elles peuvent être jugées par la personne qui les traverse ou par son entourage comme « anormales ».

3.3. Développement influencé par l'environnement

Lorsqu'un bébé vient au monde, pris en charge par l'environnement social dans lequel il voit le jour il en adoptera l'identité. Ainsi, des nouveaux-nés humains ont pu survivre et grandir chez les loups en adoptant, autant que leur bagage biologique et génétique l'a rendu possible, leurs comportements et leurs règles sociales[8] : ils sont devenus, autant que faire se peut, des loups. Plus proche de nous, un nouveau-né placé dans une famille japonaise au Japon devient un Japonais, un nouveau-né placé dans une famille française en France devient un français... au morphotype près, que l'environnement ne manquera pas de lui faire remarquer : un nouveau-né de morphotype japonais placé dans une famille française en France ne manquera pas de se voir rappeler sa différence par l'environnement.

On pourrait penser que le développement psychique est favorisé par un environnement « seulement » bon, soutenant, rassurant, encourageant, etc. Or les études sur le développement psychique de l'enfant, notamment les travaux de Donald W. Winnicott[9], ont montré qu'un environnement trop soutenant et trop peu frustrant ne permet pas à l'enfant puis à l'adolescent de développer une autonomie et une assurance suffisante pour affronter la vie. La croissance psychique requiert par exemple la rencontre avec l'altérité et avec la finitude, rencontres souvent sources de crises et de désagréments voire de souffrances pour l'enfant et, souvent, tout aussi difficile pour celui qui confronte et frustre, comme en ont fait l'expérience tous les parents en fixant des limites à leurs enfants. À l'inverse, un environnement trop frustrant et insuffisamment soutenant conduit également, de façon plus évidente, à un manque de confiance et à des doutes handicapants pour la suite de l'existence.

À l'âge adulte, à part quelques rares exceptions constituées par les ermites et autres autarciques, l'être humain ressent le besoin des autres pour vivre. C'est un être social, même si l'âge adulte est

---

[8] Malson L. (1964).
[9] Winnicott D. W. (2006).

caractérisé par une plus grande autonomie et s'il peut différer la satisfaction de certains besoins, par exemple les besoins de reconnaissance, de valorisation, besoin de sécurité affective, etc.

La satisfaction de ces besoins se heurte à l'altérité : l'autre n'est pas là (que) pour moi, et aux règles sociales du groupe dans lequel il vit : les besoins sont associés à des jugements de valeur, à des comportements. Tout comme pendant l'enfance, un environnement « seulement bon » n'est pas optimal pour la poursuite du développement psychique à l'âge adulte, chacun en a fait l'expérience : c'est aussi dans l'adversité, la difficulté, le manque de soutien, de ressources, que l'on apprend, que l'on mûrit, que l'on croît, que l'on gagne en assurance, en confiance dans ses capacités.

Pour se développer, le psychisme a besoin d'un compromis entre soutien et frustration, compromis dont il est impossible de juger, ni a priori ni a posteriori, du caractère optimal de sorte qu'il n'existe pas d'environnement idéal. L'environnement ne peut pas être seulement « suffisamment bon », pour reprendre l'expression inaugurée par Winnicott au sujet du rapport mère–enfant.

3.4. Propension à la croissance

Chacun a pu expérimenter et observer chez lui comme chez les autres, une propension naturelle à la croissance physique entre la naissance et la fin de l'adolescence, c'est-à-dire une tendance naturelle à l'augmentation de la taille, du poids et des capacités corporelles. Même dans des environnements particulièrement hostiles, confronté à la malnutrition, la maltraitance ou la maladie, le physique tend à croître sans qu'il soit nécessaire de le stimuler, même s'il souffre alors d'altérations parfois invalidantes. Le proverbe : « On ne tire pas sur un brin d'herbe pour le faire pousser » rend compte de cette propension à la croissance.

Cette remarque est également valable pour le développement psychique. Même s'il est imprévisible à court terme, le langage courant rend compte de ces transformations plus globales et sur le moyen et long terme au travers de différentes expressions : acquérir de l'expérience, mûrir, gagner en assurance, etc. Ces expressions témoignent d'un développement psychique vécu de façon consensuelle comme une croissance au cours de la vie. Elle est mesurable de façon plus objective par l'augmentation des connaissances, l'enrichissement et l'affinement des habiletés, la complexité des situations auxquelles la personne peut faire face, sa capacité à faire face à l'adversité, etc.

À l'écoute des histoires difficiles et parfois tragiques des patients, on peut même s'étonner de leur capacité de rebond et de leur capacité à grandir psychiquement même dans des contextes particulièrement délétères. Même si les personnes pâtissent des événements difficiles de leurs vies, même dans des environnements jugés pauvres ou peu soutenants, le psychisme trouve, la plupart du temps, des directions de développement. Cependant, les situations particulièrement coercitives, violentes ou déshumanisées, surtout lorsqu'elles s'inscrivent dans la durée, peuvent perturber gravement le développement de la personne.

Conrad Lecomte et Marc-Simon Drouin notent que cette propension à la croissance, « de prime abord considérée comme une position optimiste et même naïve, [...] se révèle être un principe organisateur fort dont la complexité est mise en évidence par de nombreuses recherches et propositions théoriques provenant en particulier des sciences cognitives, des théories dynamiques des systèmes et des neurosciences »[10].

Cette inclination à la croissance sur le long terme rejoint en partie, mais en partie seulement, les postulats de l'approche humaniste[11] selon laquelle la personne a un potentiel inné de développement satisfaisant. Ainsi, Carl Rogers, un des représentants emblématiques de ce courant, pensait que les apprentissages sociaux faisaient obstacle à la réalisation de soi. Aujourd'hui, il est plus couramment accepté que l'homme est, pour l'essentiel, un être social[12]. Le projet d'un retour à notre seule « nature humaine », conçue dans une perspective rousseauiste comme bonne et suffisante, n'est plus d'actualité. Les apprentissages sociaux sont parfois sans doute un frein à l'épanouissement. Mais, à l'inverse, la survie et l'épanouissement nécessitent ces mêmes apprentissages

[10] Lecomte C., Drouin M-S. (2007), p. 420.
[11] Rogers C. (1972).
[12] Malson L. (1964).

sociaux puisque cette survie et cet épanouissement nécessitent des rapports à autrui.

3.5. Développement et mutation

Le champ d'exploration des changements psychiques au cours de l'existence a été dénommé « développement psychique ». Le mot développement dénote une idée d'augmentation qu'il est possible de corréler à la propension à la croissance dans le long terme. Cependant, les changements psychiques sont imprévisibles et peuvent être vécus, au fil du déroulement de l'existence, comme des moments de croissance, des moments de stagnation ou des moments de régression. Cette caractéristique d'imprévisibilité amènera à recourir dans la suite préférentiellement à l'expression « mutation psychique » pour évoquer les transformations psychiques successives, en particulier dans le court terme, et à réserver celle de « développement psychique » au processus de transformation dans son ensemble, notamment dans le long terme.

D'un point de vue subjectif, ce processus de mutation psychique reste imperceptible : nous ne nous sentons pas nous transformer, nous nous vivons, d'instant en instant comme stable, fût-ce dans l'instabilité : « je me vis et me connais alors comme instable... de façon stable ». C'est seulement dans un retour sur le passé que les changements nous apparaissent. Cependant, certains événements de la vie, notamment des événements forts comme la naissance d'un enfant, la perte d'un être cher, une brusque remise en cause de valeurs essentielles, un accident particulièrement invalidant physiquement, mais aussi l'expérience d'une psychothérapie ou d'une psychanalyse, nous amènent parfois à nous percevoir comme brusquement modifié : nous ayons conscience qu'une modification s'est produite ou est en cours.

4. Conscience et interprétation du réel

Le développement psychique est le fruit des expériences vécues. D'un côté, la répétition de situations similaires, de gestes, d'observations est nécessaire à l'apprentissage, une des dimensions de ce développement. D'un autre, la diversité des situations rencontrées est gage d'enrichissement et de remaniement des apprentissages et d'élargissement des connaissances et des compétences. Ainsi, on peut observer par exemple la curiosité du jeune enfant qui se consacre pleinement à un nouvel objet ou une nouvelle situation d'intérêt pendant un temps, puis s'en détourne pour partir en quête d'un autre centre d'intérêt. À l'âge adulte, le même comportement de curiosité est observable de façon atténuée. L'absence de ce comportement, chez des personnes qui se contentent de la répétition quotidienne de situations familières, peut d'ailleurs être signe d'une souffrance.

Depuis quelques décennies, les moyens d'observation développés par les sciences cognitives ont permis de vérifier en laboratoire et par des méthodes scientifiques deux faits importants concomitants et connus empiriquement depuis longtemps : la dimension non consciente de la vie psychique et le processus d'interprétation du réel.

4.1. Conscience et automatisation

Lorsque nous effectuons une tâche courante, notre degré d'attention est habituellement faible et nous la réalisons automatiquement même lorsque la tâche est complexe. On pensera par exemple à la conduite automobile en se rappelant des nombreuses leçons d'apprentissage nécessitant de notre part une grande attention pour penser tout à la fois : à surveiller la route, la signalisation, le champ arrière à travers les différents rétroviseurs, l'allure de la voiture, les clignotants, le régime moteur ; à réaliser les actes nécessaires au changement du rapport de vitesses, à intégrer les remarques du moniteur ; à écouter les remarques et consignes de l'instructeur, etc. Il n'y avait aucune place pour écouter une émission de radio ou pour penser à autre chose. Pourtant, quelques années après, ces deux dernières tâches prennent le dessus sur les tâches de conduite largement automatisées et réalisées sans avoir conscience de leur réalisation. Le phénomène de désactivation de la conscience, concomitant à celui de l'automatisation de l'action, conduit des actions complexes à se dérouler sans un contrôle continu de la conscience et donc de façon largement non consciente, même pour des actions sollicitant un certain degré d'ajustement à une réalité mouvante[13]. De même, si l'on observe un enfant en train d'apprendre à lire, on a peine à croire que quelques années plus tard le processus de lecture sera automatisé au point qu'il ne pourra pas ne pas lire un mot ou une phrase qui lui sera présenté : la lecture sera alors parfaitement automatisée et même irrépressible.

Nous sommes, pour l'essentiel, des êtres sociaux et les comportements instinctuels et biologiques ne nous apparaissent que socialisés, transformés et formatés par nos rapports aux autres. Les comportements qui nous semblent « spontanés » sont donc des comportements totalement ou partiellement appris, ou mis en forme, et ensuite automatisés. Se déroulant sans que la conscience soit activée, le détail de leur réalisation nous échappe dans l'instant de leur mise en œuvre, mais aussi lorsque l'on tente d'y revenir dans l'après-coup.

Les sciences cognitives ont ainsi confirmé le constat empirique des psychothérapeutes que toutes les dimensions psychiques, la perception, la pensée, l'émotion, la planification de l'action, l'action ou la mémoire mettent en jeu de nombreux processus inconscients et sont touchées par ce phénomène de désactivation de la conscience. Plus précisément, c'est l'essentiel de notre vie, dans toutes ces dimensions, qui se déroule sans que nous en ayons conscience, la conscience étant activée essentiellement pour résoudre des problèmes complexes et/ou nouveaux.

Notre vie se déroule donc de façon largement non consciente et automatisée et il est difficile de devenir conscient ou à nouveau conscient des aspects qui nous échappent, notamment des opérations que nous mettons en œuvre au quotidien. Pour autant, nous avons généralement une réponse à la question de savoir comment nous réalisons une tâche ou pourquoi nous la réalisons. Mais cette réponse est le plus souvent la représentation que nous avons de ce que nous faisons et non le fruit d'une observation effective ou d'une réactivation de la conscience sur notre façon de réaliser effectivement cette tâche. Cette différence est perceptible dans le décalage existant entre « dis-moi comment tu fais » et « montre-moi comment tu fais » et tout le monde a pu faire l'expérience de

---

[13] Berthoz A. (2008), p. 53-54.

l'écart plus ou moins marqué entre les deux. Les chercheurs ont largement mis en évidence cet écart entre une pratique, notamment experte, et le discours au sujet de cette pratique[14]. Étant experts de notre quotidien, notre connaissance de ce quotidien et notre discours à son sujet sont largement lacunaires sans que nous en ayons conscience.

La particularité des aspects et des processus non conscients est qu'ils nous sont dissimulés : il n'y a pas de « blanc » ni de « trou » dans notre conscience qui nous indiqueraient des phénomènes non conscients. Comme un champ d'herbes hautes en apparence uniforme peut dissimuler toute une vie animale pour autant que ses habitants restent cachés par l'herbe alors qu'un confetti placé sur une image dissimule une partie de l'image, mais montre l'endroit qui est dissimulé. Les phénomènes non conscients étant dissimulés à la conscience, il est souvent vain d'espérer en prendre conscience seul puisque aucun indice ne nous montre où est caché un tel phénomène et où porter notre attention pour tenter de le percevoir. La prise de conscience est donc habituellement le fait d'une interaction sociale, ou tout au moins d'une interaction avec l'environnement.

4.2. Sémantisation du réel

Le monde qui nous est donné à percevoir à chaque instant ne nous apparaît pas comme un amoncellement de particules, d'atomes, de molécules, ce qu'il est pourtant d'une certaine façon. Le monde nous apparaît d'emblée comme un ensemble de constituants organisés, ou tout au moins compréhensibles, et dotés de sens[15]. Ce processus d'interprétation du réel nous donne à vivre une réalité qui nous est familière en produisant la situation présente à partir des situations déjà rencontrées. Bien que certaines traditions rappellent que « nous ne nous baignons jamais dans la même eau », cette faculté d'interprétation nous permet de nous orienter dans un univers qui apparaît connu alors qu'au quotidien, nous sommes confrontés à des situations toujours différentes. Cette mise

[14] Mandeville L. (2004), p. 17., Bourassa B. et al (1999), p. 53.
[15] Martinez-Conde S. (2008), Rossi J.-P. (2006).

en sens, cette sémantisation[16] du réel, dépend du parcours de vie de chacun, parcours socialisé par les échanges avec les membres des groupes sociaux auxquels nous appartenons et avons appartenu, de la culture dans laquelle nous existons[17], etc. Par exemple, les émotions vont être d'abord identifiées et nommées par l'entourage de façon différente d'une famille à l'autre, d'un groupe social à l'autre, d'une culture à l'autre. Ces éprouvés sont ensuite insérés dans un réseau de significations, par les jugements portés par l'entourage, les explications causales données, les comportements associés, etc. Enfin, cette sémantisation va évoluer par sa mise en jeu dans les interactions sociales et dans les réflexions et interpellations personnelles.

Le fond socio-culturel commun permet à des personnes de même culture d'échanger au sujet de la situation en se comprenant, au moins a minima. Mais nos histoires de vie, toutes différentes, teintent ce sens commun d'une singularité qui peut apparaître dans des situations quotidiennes. Par exemple dans la différence de perception d'une même situation : il est commun d'observer que deux personnes se trouvant ensemble dans une situation ne l'interprètent pas de la même façon et ne réagissent donc pas de la même façon. Et même si elles l'interprétaient de la même façon, elles réagiraient pour autant de façons différentes puisque rien ne dit qu'une interprétation similaire ouvre à des comportements identiques.

Cette sémantisation du réel est indispensable à la survie. Imaginons que, à chaque instant, le monde qui nous entoure nous apparaisse comme inconnu ; ou bien, comme les prosopagnosiques, personnes atteintes de certaines lésions cérébrales, que nous ne reconnaissions plus les visages aperçus quelques minutes auparavant[18] ; ou bien encore, comme les personnes atteintes de démence

[16] Le concept de sémantisation a été introduit par la sociologue Eve Gardien pour désigner le processus de mise en sens de l'expérience d'un individu, procédant par connexion de signifiés, signifiants et significations, processus s'appuyant sur une communication permanente avec une extériorité, tant humaine que sociale et matérielle. Gardien E. (2008).

[17] On pensera à la langue allemande disposant de trois mots pour traduire « culture » (Anbau, Bildung et Kultur) ou à la langue anglaise disposant de trois mots pour traduire « maladie » (sickness, illness et disease).

[18] Rossion B. (2008).

sémantique[19], que nous perdions la signification des objets, même des plus usuels, que nous ne nous rappelions plus l'utilité des couverts, des outils, des ustensiles de toilette. Le monde nous deviendrait rapidement invivable.

Cependant, l'interprétation du réel, la propension à « reconnaître du déjà connu », limite la possibilité de rencontrer la nouveauté. Ainsi, les expériences viennent souvent confirmer les croyances et les représentations de ceux qui les vivent. Prenons l'exemple d'une personne ayant tiré de ses expériences antérieures la représentation que les hommes sont méchants et bardés de mauvaises intentions. La présence d'homme va être anxiogène pour cette personne et il est probable que son comportement contribue, sans doute non consciemment, à ce que ces hommes produisent le comportement redouté, ce qui confirmera ses représentations. Et si l'expérience ne les confirme pas, ce sera « l'exception qui confirme la règle » ou bien « pour l'instant ça s'est bien passé, mais l'avenir viendra certainement apporter la preuve que cette expérience était anormale ». Le moindre accroc à venir sera exploité pour invalider l'expérience positive et confirmer que « décidément elle avait bien raison de se méfier ».

Le caractère non conscient de la mise en sens du monde, à l'œuvre dans toutes les dimensions de la vie psychique, donne à ce monde interprété une dimension de vérité qui rend difficiles la prise de recul et le questionnement d'un aspect de la réalité. À nouveau, c'est la présence d'un autre et le constat d'une différence de mise en sens qui généralement produira la remise en cause et l'interpellation des évidences produites par cette sémantisation du réel.

Cette propension non consciente à interpréter le monde et à produire un monde familier est donc à la fois une condition de survie et un frein au développement psychique en limitant la rencontre avec des situations nouvelles, sources de croissance.

---

[19] Affection dégénérative de cause encore inconnue.

5. Évolution du monde et développement psychique

Au cours de sa vie, une personne est amenée à traverser de nombreuses épreuves : dans la sphère personnelle (séparations, décès, rencontres, mariages, naissances, vieillissement des parents, etc.) ; dans la sphère professionnelle (succès, échecs, promotions, réorientations, chômage, retraite, etc.) ; dans la sphère sociale (aventures, trahisons, retrouvailles, confrontations, etc.).

Aujourd'hui, le remaniement et la complexification du monde sont bien plus rapides qu'auparavant : accélération des communications et des moyens de transport, mondialisation, démultiplication des moyens d'information et d'action, évolutions morales, religieuses et plus généralement culturelles, etc. Dans ce contexte en mutation rapide, l'allongement de la vie nous amène à changer plusieurs fois, volontairement ou non, de milieux de vie et d'activité au cours de l'existence.

Nombre de ces épreuves et de ces changements ne relèvent pas de la responsabilité de la personne, elle s'y trouve confrontée sans l'avoir choisi : toute personne est, en partie, livrée aux aléas de la vie. Mais elle n'est pas non plus seulement le jouet du destin. Elle peut exercer une forme de gouvernance de sa vie de sorte que, si tout n'est pas prévisible, elle peut tout de même choisir de vivre ou, au contraire, choisir d'éviter certaines situations et épreuves[20].

Une personne est en relation avec les autres à partir de la connaissance qu'elle a d'elle-même, de ses besoins, de ses aptitudes relationnelles, de ses goûts, de ses forces et faiblesses, de ce qu'elle offre et de ce qu'elle recherche, des contextes socioprofessionnels qu'elle est amenée à traverser, etc. Tous ces aspects sont appelés à évoluer au cours de la vie, et donc au cours du développement psychique d'une personne, de sorte que les relations qu'elle a tissées vont devoir également évoluer. Certaines relations vont

[20] Il s'agit ici de l'expérience quotidienne du sentiment d'avoir le choix ou de ne pas l'avoir, et non de la question, plus philosophique de savoir si nous avons le choix ou bien si nous sommes seulement mus par des mobiles qui nous échappent.

pouvoir se transformer, d'autres, au contraire, vont se rompre par une inadéquation devenue trop grande et d'autres encore, nouvelles, vont se tisser. Le développement psychique entraîne donc un remaniement constant, plus ou moins perceptible, de l'ensemble du système relationnel de la personne et, plus généralement, de l'ensemble de son système d'étayage, de soutien, d'insertion, d'arrimage social. Chacun peut observer ce processus dans sa propre vie lorsqu'il se retourne sur les années passées et prend le temps de regarder la façon dont ses liens ont évolué avec le temps. Si une personne choisit en partie volontairement et consciemment les personnes avec lesquelles elle tisse des relations, en revanche elle n'a pas de prise sur sa propre évolution ni sur l'évolution des personnes avec lesquelles elle est en lien, de sorte que son système relationnel est, en partie, remanié en dehors de sa volonté, sans son consentement, voire contre son gré.

Encore assez prévisibles au début du 20e siècle, les trajectoires de vie sont devenues aujourd'hui beaucoup moins linéaires et plus imprévisibles. La mobilité des personnes, la transformation des contextes de vie, l'évolution des idées et des méthodes, l'explosion des méthodes d'exploration et de transformation personnelle, la diversification des activités professionnelles et des moyens de formation, l'allongement de la durée de la vie, la mondialisation et l'évolution des mœurs sont quelques-uns des facteurs influençant nos trajectoires de vie. Les parcours actuels sont sans doute plus riches, mais aussi plus chaotiques et nécessitent certainement une mobilité psychique plus grande et des remaniements psychiques plus fréquents et plus importants qu'auparavant. Ces remaniements peuvent être vécus dans la curiosité, avec un sentiment de croissance, dans la joie, mais ils peuvent aussi être vécus dans la souffrance, dans un sentiment de régression ou de stagnation, dans le désarroi et la tristesse. Ces sentiments désagréables peuvent conduire la personne à se juger « anormale » ou « malade » et à demander de l'aide.

6. Un autre regard sur la souffrance psychique

Ces différentes considérations au sujet de la vie psychique et de son développement permettent de revenir sur la question de la souffrance psychique et de sa prise en charge.

Toutefois, l'importance de l'influence culturelle et idéologique dans ce domaine, due notamment aux difficultés d'investigation scientifique de la vie psychique, doit conduire à la prudence : le « champ psy » a souvent été le théâtre de prises de position radicales et de conflits idéologiques dans lesquels l'intérêt des patients n'était pas toujours l'enjeu. Il importe donc de préciser que le paradigme en cours d'élaboration ne prétend pas être plus valable que le paradigme traditionnel, ni, a fortiori, s'y substituer. Les sections suivantes visent à construire un autre regard sur la souffrance psychique, regard ouvrant à d'autres pratiques thérapeutiques que celles auxquelles conduit la façon de l'appréhender dans le paradigme dominant.

6.1. Souffrance psychique et développement psychique

Le paradigme traditionnel conduit à traiter aussi efficacement que possible la souffrance psychique en mettant en œuvre un traitement visant directement la disparition ou l'aménagement de cette souffrance. Cependant, compte tenu de la propension à la croissance du développement psychique, on conçoit que l'évolution de la souffrance puisse être le résultat d'une intervention visant à favoriser le développement psychique et non à réduire la souffrance psychique directement.

De prime abord, la première option, celle du paradigme traditionnel, peut sembler d'une évidente supériorité sur la seconde. Cependant, ce jugement serait valable s'il n'existait pas de corrélation entre la souffrance psychique et le développement psychique. Or les sections précédentes montrent qu'une telle corrélation existe sans toutefois en préciser la nature.

Les fluctuations du développement, notamment les phases de recul ou de détérioration, sont souvent accompagnées de souffrance, et il est difficile de savoir si cette souffrance joue un rôle, ou non, dans le développement psychique.

On peut, par exemple, la considérer comme un moteur nécessaire, à la fois à une mutation psychique et à la transformation de l'environnement, professionnel, personnel, familial. On peut, aussi, la considérer comme un simple signal de la nécessité de ce changement, sans qu'elle soit nécessaire au changement lui-même. Inversement, on peut considérer qu'elle doit être atténuée pour la poursuite du développement. On peut, encore, la considérer comme sans corrélation avec le développement psychique : ni nécessaire, ni délétère. Enfin, on peut considérer que la réponse varie en fonction de la nature de la souffrance psychique.

À ce jour, ni la science, ni l'expérience empirique ne permettent de trancher de façon claire et étayée entre ces différentes options, de sorte que le choix de l'une ou de l'autre reste une question de conviction, un choix idéologique.

Le choix idéologique opéré dans le paradigme traditionnel, notamment par la médecine, est de soulager au plus vite la souffrance psychique. Dans ce choix, la souffrance est jugée prioritaire sur le développement psychique.

Ce point de vue est parfois clairement discutable. Par exemple, lorsque la souffrance psychique semble avoir son origine dans l'incapacité du patient à trouver une issue à une situation de vie éprouvée comme intolérable, la considérer comme inutile et viser seulement à la supprimer revient, de fait, à lui permettre de tolérer cet intolérable, ce qui constitue un choix éthiquement contestable. Or, bien des demandes d'aide adressées aux psychothérapeutes sont justement le résultat de situations devenues intolérables, qu'elles soient personnelles, familiales, professionnelles ou autres.

Dans d'autres cas, la souffrance semble être plus indépendante des contextes de vie du patient. Cependant, même dans ces situations, choisir de soulager au plus vite la souffrance psychique relève du choix de faire primer la réduction de cette souffrance sur le développement psychique.

6.2. Clivage éthique

Le choix idéologique opéré dans ces pages est radicalement autre. Il s'agit, d'abord, de considérer que souffrance psychique et développement psychique sont corrélés, ensuite, en l'état actuel des connaissances, de suspendre le jugement concernant cette corrélation et, enfin, de donner priorité au développement psychique, en visant à le favoriser. L'évolution de la souffrance psychique relève alors de la propension à la croissance psychique dans le long terme.

L'expression « favoriser le développement psychique » appelle un commentaire. En effet, ne pas statuer sur la corrélation entre souffrance et développement revient à ne pas statuer non plus sur la nécessité des fluctuations imprévisibles du développement psychique et amène à les respecter sans tenter d'en infléchir volontairement le cours. Le mot « favoriser » de la formulation précédente est donc à comprendre au sens de stimuler la mutation psychique en cours, sans chercher à en inverser le sens, même dans les phases vécues comme un recul ou une détérioration, et sans chercher non plus à éviter la souffrance possible. Le chapitre suivant revient plus en détail sur l'apparente contradiction entre « favoriser le développement psychique » et « l'accompagner tel qu'il se présente ». L'évolution de la souffrance devient alors un effet du développement psychique plus global du patient.

Dans cette acception du terme « favoriser », la direction d'action retenue est radicalement différente de celle des approches de développement personnel ou de coaching, lesquelles cherchent généralement à accroître les ressources et les compétences, c'est-à-dire à orienter « à la hausse » le développement psychique, souvent vers un objectif prédéfini.

Dans le paradigme traditionnel, prendre soin du patient consiste à soulager sa souffrance au plus vite, à l'aider à résoudre au plus vite ses difficultés ou à atteindre au plus vite l'objectif fixé.

Dans le paradigme en cours d'élaboration prendre soin du patient consiste à accompagner, en le favorisant, son développement psychique en laissant se dérouler ses fluctuations et, donc, l'éprouvé du patient dans ces fluctuations.

Il s'agit là de deux directions éthiques radicalement différentes et, très probablement, incompatibles qui demandent au praticien un engagement dans l'une ou l'autre, choix pour lequel la science ne peut être d'aucun secours. Cette différence d'orientation constitue une ligne de clivage essentielle dans le champ des psychothérapies.

Sans étayage scientifique validé, le choix entre les deux directions d'actions, nécessaire à l'action thérapeutique, relève d'un choix éthique, donc d'un choix idéologique. Toute affirmation de supériorité de l'une ou de l'autre de ces directions se trouve renvoyée à n'être qu'idéologique et renvoie tout combat visant à convaincre quiconque de cette suprématie à n'être qu'une guerre de religion supplémentaire. Il s'agit seulement de deux façons distinctes d'appréhender le patient et sa souffrance, ouvrant à des façons de faire différentes et qui devraient conduire à un respect mutuel, tant le souci pour le patient devrait primer sur les combats corporatistes et idéologiques.

Cependant, le choix de favoriser le développement psychique est-il tenable face à toute souffrance psychique ?

En particulier, les souffrances les plus invalidantes, correspondant aux figures historiques de la « folie », les souffrances corrélées à un dysfonctionnement biochimique ou à une anomalie morphologique du cerveau, peuvent-elles être regardées comme la marque d'une fluctuation de période longue et comme susceptibles d'évolution dans le futur par le fait de la poursuite du développement psychique ? De même, les souffrances, pour lesquelles une médication est disponible, peuvent-elles, elles aussi, être regardées comme un aléa du développement ?

Ces questions mériteraient sans doute un ouvrage à elles seules. Mais l'état actuel des connaissances permet deux remarques.

Le chapitre 3 a rappelé que la question étiologique soulevée ici, celle de l'origine des souffrances psychiques, restait aujourd'hui sans réponse consensuelle et donnait lieu à de multiples théories ouvrant à autant de psychopathologies. Si la souffrance est manifestement concomitante à certaines phases du développement psychique, il est impossible d'affirmer que toute souffrance relève de cette explication. Mais, à l'inverse, il est tout aussi impossible d'affirmer que le développement psychique est sans effet sur certaines d'entre elles.

Quelle que soit la souffrance du patient, de la plus légère à la plus invalidante, on peut difficilement dénier a priori à ce patient la possibilité d'un développement psychique vécu comme croissant sur le long terme, fut-il jugé comme une simple évolution du degré de folie. Mais, en même temps, il est évidemment impossible d'affirmer qu'une telle évolution favorable est toujours possible ni, a fortiori, d'en déterminer l'échéance ou l'ampleur.

À nouveau, la question de savoir si le choix de favoriser le développement psychique est tenable face à toute souffrance psychique ne peut pas recevoir, aujourd'hui, une réponse autre qu'idéologique.

La réflexion des paragraphes précédents au sujet de la souffrance psychique peut être menée de façon similaire au sujet des problèmes et des difficultés qui amènent une personne à faire appel à un psychothérapeute : ils peuvent être considérés comme des moteurs nécessaires au développement psychique conduisant la personne à transformer sa vision de la situation et/ou la situation elle-même. Rien à ce jour ne permet d'affirmer qu'il existe une corrélation entre ces problèmes, ou difficultés, et le développement psychique, ni qu'une intervention centrée sur leur résolution est sans effet sur le développement psychique. En cohérence avec le choix effectué plus haut, il est considéré ici que les problèmes et les difficultés sont corrélés au développement psychique, sans que la nature et l'ampleur de cette corrélation soient connues. La priorité est donnée au développement psychique et non à la résolution des difficultés et problèmes du patient, dont l'évolution relève alors de la propension à la croissance dans le long terme.

6.3. Clivage anthropologique

L'ouverture récente du domaine de recherche scientifique sur le développement tout au long de la vie et l'ampleur de la tranche de vie concernée, la vie entière, n'ont pas permis, à ce jour, de définir ce que pourrait être un développement psychique « normal » et, complémentairement, un développement psychique « pathologique ». La diversité des événements de la vie, celle des réactions à ces événements et donc la diversité des chemins de vie renvoient d'ailleurs un tel objectif au rang des utopies ou des idéologies inquiétantes.

De plus, aucun étayage scientifique ne permet de déterminer si certaines mutations psychiques se produisant au cours de la vie sont « saines » ou même simplement « souhaitables » et si d'autres sont « pathologiques » ou simplement « regrettables ». La vie nous apprend d'ailleurs qu'un tel jugement est toujours susceptible d'être remis en cause par la suite, et ce, jusqu'à la fin de la vie. Ainsi, une mutation pourrait être jugée d'abord « regrettable », puis quelque temps après « bienvenue », puis à nouveau, plus tard, « regrettable » et ainsi de suite. La diversité des événements de la vie et des mutations psychiques possibles entraîne une diversité des cheminements de développement psychique, ce qui rend impossible la construction d'un repérage autre qu'idéologique en vue d'établir une distinction normal–pathologique dans les mutations psychiques.

Enfin, s'agissant de mutation psychique, de transformation, et non seulement d'ajout ou de retrait, l'espoir de revenir à un état antérieur, par exemple par « retrait de la partie ajoutée » ou « rajout de la partie enlevée », est vain. Notamment, revenir à l'état psychique précédent le vécu d'un événement est impossible. Les effets de cet événement peuvent, certes, s'atténuer avec le temps et « tenter de faire comme si cet événement n'avait pas été vécu » peut être un palliatif. Mais la présence de ce « comme si » marque déjà une différence avec l'état antérieur dont il était absent. L'événement vécu fait donc trace irréversiblement, même si, au fil du temps, la plupart des traces sont intégrées et assimilées au point de ne plus apparaître comme trace, puisque, au fond, chacun d'entre nous est une synthèse des traces laissées par les événements de sa vie.

L'arbitraire que comporterait une distinction normal–pathologique des mutations psychiques, le caractère irréversible et imprévisible des mutations psychiques successives et le choix d'accompagner le développement psychique en le favorisant, quelle que soit la souffrance psychique présentée, conduit à considérer qu'une distinction santé–maladie ou normal–pathologique ne constitue pas un repérage fondamental ni un repérage nécessaire à la pratique.

La définition d'une distinction santé–maladie ou normal–pathologique étant indispensable au processus de médication[21], y renoncer ouvre à une façon radicalement différente d'appréhender le patient en souffrance et instaure un clivage anthropologique entre le paradigme en cours de définition et le paradigme traditionnel dans lequel s'inscrit la médecine.

7. Résumé

Le schéma ci-dessous illustre graphiquement quelques aspects du vécu subjectif du développement psychique sans toutefois prétendre à une valeur autre que simplement illustrative.

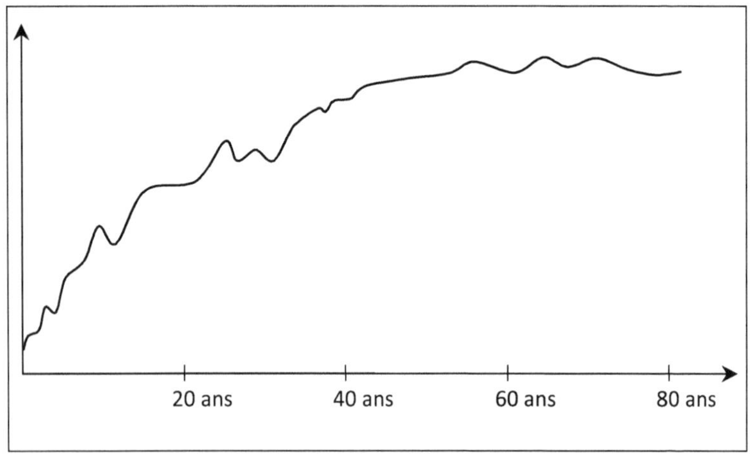

[21] Pignarre P., (2006).

Les sections précédentes ont permis de tracer les principales lignes, complétées dans les chapitres suivants, du paradigme en cours d'élaboration :

- Le développement psychique se prolonge tout au long de la vie. Il est caractérisé par des fluctuations imprévisibles, par une propension à la croissance, croissance favorisée par un environnement social « suffisamment bon ».
- À court terme, les fluctuations peuvent être vécues comme des moments de croissance, de stagnation ou de détérioration, parfois accompagnées de souffrance et sont l'occasion de mutations psychiques.
- Le processus de mutation psychique peut être freiné par les phénomènes de désactivation de la conscience et de sémantisation spontanée et nécessaire du réel.
- Le choix éthique fondamental consiste à prendre soin du patient en accompagnant et favorisant son développement psychique dans le respect de ses fluctuations et non en cherchant, au plus vite, à soulager sa souffrance, à résoudre ses difficultés, à retrouver un équilibre, à rejoindre une normalité ou à atteindre un état fixé a priori .
- Le choix anthropologique sur lequel s'appuie le paradigme de la mutation s'affranchit d'une référence à une distinction santé–maladie ou normal–pathologique.

Dans la suite de l'ouvrage, ce nouveau paradigme sera qualifié de « paradigme de la mutation » en référence à la transformation profonde de la structure psychique en jeu dans une intervention menée dans une telle perspective, intervention dans laquelle l'état final est inconnu et imprévisible initialement, alors que dans le paradigme traditionnel l'intervention vise un état final défini initialement.

Le double clivage éthique et anthropologique séparant le paradigme traditionnel et le paradigme de la mutation, instauré par le choix de prendre soin du patient en souffrance psychique en accompagnant son développement psychique sans référence à une distinction normal–pathologique, situe le paradigme de la mutation clairement hors du champ médical.

Le passage du paradigme traditionnel à celui de la mutation consiste à passer d'une centration sur le but à atteindre –la réduction de la souffrance ou la résolution des difficultés, en utilisant le moyen le plus efficace– à une centration sur le cheminement[22]. L'évolution de la souffrance et des difficultés est alors l'horizon dans lequel s'inscrit ce cheminement et non plus l'objectif. On peut pressentir l'important travail de dégagement du paradigme dominant que requiert ce renversement paradigmatique pour les personnes qui souhaitent inscrire leur pratique professionnelle dans le paradigme de la mutation.

Ces différences radicales entre les deux paradigmes les rendent incompatibles ou, plus exactement, incommensurables[23].

La position consistant à prendre soin du patient sans chercher à soulager sa souffrance au plus vite, et sans s'appuyer sur une distinction santé–maladie, peut paraître choquante. En effet, la prégnance du paradigme traditionnel conduit à considérer, d'une part, que la suppression de la souffrance est l'objectif principal, légitimant la guérison comme seule intention valable et, d'autre part, que la maladie existe en elle-même et n'est pas, seulement, une façon d'appréhender la souffrance.

8. Terminologie

8.1. Réglementation du titre de psychothérapeute

Jusqu'à très récemment, le mot « psychothérapeute » désignait de façon générique un praticien de la psychothérapie, quelles que soient sa formation et sa méthode travail. On trouvait donc sous cette appellation : des médecins et des psychologues formés à la médecine ou à la psychologie et ayant ou non complété leur forma-

[22] Le terme construit initialement pour qualifier ce nouveau paradigme était « odotropique » –du grec « odo », chemin, et « tropos », tourner/affinité pour– désignant par là le choix d'être tourné vers le cheminement du patient plutôt que vers un but prédéfini à atteindre, mais il lui a été préféré une expression plus courante.

[23] Leur différence de nature ne permet pas de les comparer. De même, le modèle géocentrique et le modèle héliocentrique sont incommensurables : soit c'est la terre qui est considérée comme le centre de l'univers, soit c'est le soleil.

tion par une formation à la pratique de la psychothérapie[24] ; des personnes formées à la pratique d'une psychothérapie, mais non médecin ni psychologue[25] ; des psychanalystes[26] ; d'autres personnes aux formations diverses, parfois sans formation particulière. Et le patient pouvait se trouver face à une personne mettant en œuvre : une psychothérapie analytique, une « psychothérapie relationnelle », une thérapie cognitivo comportementale, une démarche éclectique, une hypnothérapie, ou d'autres parmi plusieurs centaines répertoriées, voire des techniques de développement personnel ou de coaching, ou une méthode non identifiée voire un bricolage intuitif personnel pouvant s'apparenter à une absence de méthode. Pour le public, mais aussi pour nombre de professionnels, « les psychothérapeutes » constituaient une nébuleuse opaque dans laquelle le repérage était difficile et chacune de ces catégories revendiquait peu ou prou la légitimité voire l'exclusivité de l'usage du titre de psychothérapeute.

Un processus de réglementation de l'usage du titre de psychothérapeute, amorcé à l'automne 2003[27], a abouti, après de nombreux rebondissements et une véritable « guerre des psys »[28], à l'article 52 du 4 août 2004 modifié par l'article 91 de la loi « HPST »[29] adoptée le 24 juin 2009. Dès parution des décrets d'application, l'usage du titre de psychothérapeute sera réservé aux titulaires d'un diplôme de médecin ou de psychologue après complément éventuel de leurs connaissances en psychopathologie. Malgré l'intention affichée de protéger le public des dérives sectaires, il n'est pas sûr qu'une telle loi y réponde, un diplôme n'ayant

---

[24] Les avis divergent sur la question de savoir si les formations de base de médecin, de psychiatre, et de psychologue forment ou non à la pratique de la psychothérapie. Cependant, les études semblent montrer que la réponse est négative, malgré les divergences sur l'acception du terme « psychothérapie ». On pourra consulter sur ce point le travail de l'historienne Catherine Fussinger ; Fussigner C. (2008), p. 64-74.

[25] Par exemple les praticiens regroupés dans les associations de psychothérapeutes (PSY'G, SNPPsy, FF2P, etc.).

[26] Même s'ils sont très partagés sur le fait de considérer la psychanalyse comme une psychothérapie.

[27] Par le vote de l'amendement dit « Accoyer » du nom du député qui en est l'auteur.

[28] Marmon J-C. (2009), p. 14-15.

[29] Loi « Hôpital, patients, santé et territoires ».

jamais été un rempart contre l'infiltration sectaire[30]. Il n'est pas sûr non plus que cette loi contribue à beaucoup éclaircir la situation. D'une part, parce qu'elle ne garantit en rien une compétence à conduire des psychothérapies et s'en remet à la conscience professionnelle des médecins et des psychologues pour se doter des compétences *ad hoc*[31]. D'autre part, parce qu'elle « surrèglemente » le titre de médecin et celui de psychologue en laissant tous les autres praticiens libres de continuer à pratiquer... pour autant qu'ils ne se qualifient pas de « psychothérapeute »[32].

Beaucoup de professionnels, notamment ceux formés à la pratique de la psychothérapie sans être médecin ni psychologue, regrettent voire rejettent ce qu'ils considèrent comme une loi mal construite. Toutefois, cette loi a le mérite de proposer une définition du titre en accord avec la représentation sociale.

En effet, tant par les professionnels auxquels le titre est réservé, médecins et psychologues, que par les compétences requises, une connaissance en psychopathologie, le titre de psychothérapeute se trouve clairement inscrit dans le paradigme traditionnel et dans le champ de la médecine et de la psychologie clinique. Les personnes s'adressant aux futurs psychothérapeutes sauront qu'elles s'adressent à des personnes œuvrant dans une perspective médicale et que leur acte visera, au plus vite, à soulager leur souffrance ou à résoudre leurs difficultés.

Or, récemment, plusieurs études sociologiques[33] ont montré une représentation sociale congruente avec le texte de loi. En effet, près de 10 % des personnes interrogées (soit, rapporté à la population

---

[30] Castel P-H. (2004), p. 119.

[31] D'après François-Régis Dupond Muzart, psychanalyste et juriste, dans tous les domaines, plus la formation est élevée, plus le professionnel issu de telle formation est d'une part libre, d'autre part responsable des méthodes et techniques qu'il met en œuvre. Valable pour les médecins et les psychologues, ce principe l'est d'autant plus pour les futurs psychothérapeutes. C'est pourquoi la loi n'a pas nécessairement à traiter de la question de la formation à la pratique de la psychothérapie ; cf. Dupond Muzart F. R. (2009).

[32] La loi règlemente l'usage du titre, mais laisse libre la pratique de la psychothérapie.

[33] Institut National de Prévention et d'Éducation à la Santé, chiffres cités dans Briffault X., Lamboy B. (2008) p. 112-113.

française, quatre millions de personnes) déclarent avoir effectué une psychothérapie, sans préciser quelle(s) pratique(s) ce terme recouvre exactement. Ces personnes indiquent que le professionnel est, pour plus de la moitié un médecin (≈ 40 % un psychiatre, ≈ 10 % un médecin non psychiatre), près d'un tiers un psychologue et moins de 10 % un praticien ni médecin ni psychologue. Autrement dit, la représentation sociale de la pratique de la psychothérapie, sans savoir précisément quelle pratique est désignée par ce terme, est qu'elle est conduite très majoritairement par un praticien du champ de la médecine ou de la psychologie. Ce constat contredit une représentation répandue chez les psychothérapeutes, notamment « relationnels », selon laquelle les termes « psychothérapie » et « psychothérapeute » auraient, pour le public, une image non médicale et seraient associés à la psychothérapie relationnelle. Cette représentation qui a largement soutenu leur opposition à la loi, était sans doute valide il y a dix ou vingt ans, mais ne l'est plus aujourd'hui.

8.2. Vers une autre dénomination

À ce jour, les praticiens de la psychothérapie dont la pratique s'inscrit dans le paradigme de la mutation n'ont sans doute rien à gagner à user du titre de psychothérapeute qui relève clairement, dans la loi comme dans la représentation populaire, du paradigme traditionnel sauf à vouloir contribuer à maintenir la confusion qui règne dans le champ des psychothérapies. Il est sans doute plus utile qu'ils contribuent à la clarification de la situation, entamée par la mise en cohérence du titre de psychothérapeute avec la représentation populaire des catégories socio-professionnelles mettant en œuvre des psychothérapies, en recourant à une autre dénomination. C'est le choix fait ici et pour la suite de l'ouvrage.

Dans le paradigme de la mutation, le praticien de la psychothérapie ne cherche pas à revenir à un état antérieur, ni à atteindre un état fixé par avance, ni à régler des problèmes, ni à améliorer quoique se soit. Il accompagne le développement psychique du patient, sans idée préalable de l'issue de ce travail, il contribue donc à l'advenue d'une vie psychique nouvelle sans en connaître les caractéristiques futures. Cette orientation conduit, dans la suite de l'ouvrage, à désigner un professionnel mettant en œuvre une telle approche de soin psychique par le terme de « psychomaïeuticien ». La « maïeutique psychique » est alors l'art de prendre soin d'un patient en favorisant son développement psychique sans chercher à en modifier les aléas ni viser un état préconçu.

Faisant référence à la mythologie grecque et au personnage Maïa qui veillait aux accouchements, la maïeutique, du grec *μαιευτικη*, est l'art du questionnement. Le maïeuticien grec sait interroger une personne pour lui permettre de trouver sa vérité et ses réponses en l'amenant à mettre en forme et à exprimer des connaissances qu'elle n'a pas encore formulées, « qu'elle a sans le savoir ».

Le chapitre suivant montrera qu'il s'agit bien là de l'attitude du psychomaïeuticien, une attitude d'accompagnement du cheminement du patient, sans idée préconçue des étapes à venir, de la destination du chemin ou des changements qui surviendront. Cette attitude n'est pas fondée sur un savoir sur l'autre ni pour l'autre, alors que le médecin est censé savoir pour le patient puisque c'est lui qui diagnostique, pronostique, prescrit et évalue.

Aujourd'hui, « maïeuticien » désigne aussi un homme sage-femme, et psychomaïeuticien renvoie à l'idée d'un « accouchement psychique » dont la particularité, à la différence de la naissance, est de n'être jamais abouti mais de se prolonger tout au long de la vie, jusqu'à la mort.

Ce terme s'accorde alors avec le témoignage de nombreux patients qui rendent compte de l'expérience des changements induits par leur psychothérapie, par des expressions telles que « ne pas se reconnaître » ou de « renaissance ».

Le titre de « psychothérapeute » est en passe d'être réglementé, mais le mot « psychothérapie » est resté libre. Cependant, les études sociologiques ont montré que plus de 80 % des personnes ayant suivi une psychothérapie, sans savoir quelle pratique ce terme désigne, l'ont suivi avec un médecin ou un psychologue. « Psychothérapie » se trouve donc inscrit de fait dans le paradigme traditionnel, tout comme « psychothérapeute », et conserver ce terme pour désigner une pratique inscrite dans paradigme de la mutation entretient la confusion entre des pratiques relevant de cadres de pensée radicalement différents.

Le choix de « psychomaïeuticien » devrait s'accompagner du choix d'un nouveau terme pour désigner sa pratique et, pour rester cohérent, « psychomaïeutie » ou « psychomaïeucie » semble tout désigné. Cependant, utiliser « psychomaïeuticien » dans la suite de cet essai et remplacer, chaque fois que nécessaire, « psychothérapie » par « psychomaïeucie » se révèle lourd et peu lisible. Dans la suite le choix retenu est d'éviter le terme « psychothérapie » ou de préciser le paradigme dans lequel il est employé. Gageons qu'avec le temps, si « psychomaïeuticien » fait sa place dans le champ psy, « psychomaïeucie » suivra en achevant le pas que ce choix de raison, mais peu satisfaisant, laisse en suspend.

En résumé de ces réflexions et choix de vocabulaire :

- Le *psychomaïeuticien* prend soin de la souffrance psychique du patient en mettant en œuvre une psychothérapie inscrite dans le *paradigme de la mutation.* Situé hors du champ de la médecine, il vise à accompagner et favoriser le développement psychique.
- Le *psychothérapeute* prend soin de la souffrance psychique du patient en mettant en œuvre une psychothérapie inscrite dans le *paradigme traditionnel.* Situé dans le champ de la médecine ou de la psychologie, il vise le soulagement au plus vite ou un changement ciblé.

« Psychomaïeuticien » ne désigne donc pas une nouvelle catégorie de praticiens à venir, ni une nouvelle approche de psychothérapie, mais des praticiens en activité et dont la pratique s'inscrit dans le paradigme de la mutation. On notera que la différence paradigmatique construite dans cet essai ne recouvre pas exactement les lignes de clivages actuelles du champ psy. Il est donc probable que la pratique de certains praticiens ne pouvant pas prétendre au titre de psychothérapeute légal ne s'inscrira pas pour autant dans le paradigme de la mutation.

CHAPITRE 5 – LA PRATIQUE DANS LE PARADIGME DE LA MUTATION

Le paradigme de la mutation ébauché dans le chapitre précédent permet de brosser maintenant les grandes lignes de la pratique psychothérapeutique mise en œuvre par le psychomaïeuticien. Toutefois, ces grandes lignes ne prétendent pas définir une nouvelle approche de psychothérapie et n'en ont nullement l'intention.

À partir de la seconde moitié du 20e siècle, de nombreuses méthodes de psychothérapies ont été développées. Si certaines d'entre elles sont assez clairement inscrites dans le paradigme traditionnel[1], d'autres en revanche, notamment les approches développées dans le sillage de la psychanalyse[2], situent leur pratique et/ou leur théorie en rupture plus ou moins explicite avec le paradigme dominant mais sans qu'un cadre de pensée commun ne les fédère.

Chaque approche a développé sa pratique, sa théorie, son vocabulaire et ses façons de définir et de rendre compte de la pratique en mettant généralement l'accent sur sa spécificité dans une intention d'originalité et de différenciation. Pour qu'un praticien puisse reconnaître sa pratique dans celle qui est définie dans les pages suivantes, il devra sans doute accepter de mettre entre parenthèses temporairement la théorie, le vocabulaire et les habitudes de récits dans lesquels il se reconnaît et se montre, pour revenir à sa pratique clinique effective, à partir du point de vue développé dans ces pages.

---

[1] Notamment les thérapies cognitivo-comportementales (TCC), mais aussi toutes les approches mettant en œuvre, plus ou moins explicitement, un protocole de la forme : évaluation de la pathologie, des difficultés et des souhaits de changement du patient, distinction par le praticien entre objectifs réalistes et objectifs utopiques, mise en œuvre de la technique thérapeutique visant à réaliser au plus vite la guérison et/ou les changements visés, évaluation de la réalisation des objectifs.

[2] Notamment la Gestalt-thérapie (Perls F., Hefferline R., Goodman P. (1951), les psychothérapies humanistes et les approches de psychothérapie se reconnaissant sous l'appellation de « psychothérapie relationnelle ».

1. Situation – Psychothérapies et paradigme de la mutation

1.1. Repères historiques et situation actuelle

Aux États-Unis, dans les années 50, la psychanalyse connaît une diffusion qui s'amplifie et ses méthodes engendrent un courant nouveau dans le champ de la psychothérapie, en rupture avec la référence initiale à l'hypnose[3]. Apparaissent ainsi, au tout début des années 50, notamment, l'approche centrée sur la personne[4] et la Gestalt-thérapie[5]. Les décennies qui suivent sont marquées par un foisonnement des idées et des intuitions donnant naissance à de nombreuses méthodes, mais leurs instigateurs sont plus occupés à marquer l'originalité de leurs créations qu'à montrer leurs proximités et leurs filiations.

Dans les années 70, l'appellation « psychothérapie relationnelle » émerge pour désigner une famille de psychothérapeutes se reconnaissant dans une grande méfiance vis-à-vis de la suggestion et dans l'utilisation de la relation thérapeutique au service du changement. Regroupés dans plusieurs associations professionnelles[6], ces psychothérapeutes relationnels œuvrent à organiser et réguler le champ de la psychothérapie.

Au cours des années 80, la diffusion des thérapies comportementales puis cognitivo-comportementales (TCC) va modifier le paysage de la psychothérapie notamment par leur revendication d'une action rapide, ciblée et mesurable leur permettant de répondre aux canons du paradigme traditionnel, ce qui a pu, et peut encore, conduire certains à les juger « plus efficaces » que d'autres approches[7]. Cependant, le chapitre 3 a relevé quelques difficultés

---

[3] Maleval J-C. (2005), p. 237.

[4] Rogers C. (1951).

[5] Perls F., Hefferline R., Goodman P. (1951).

[6] Pour les plus anciennes : Groupement Syndical des Praticiens de Psychologie, Psychothérapie et Psychanalyse (PSY'G) fondé le 2 mai 1966, le Syndicat National des Praticiens en Psychothérapie (SNPPsy) créé en 1981, Fédération Française de Psychothérapie (FFdP) créé en 1995.

[7] On se rappellera l'épisode du rapport de l'Inserm (Inserm (2004)) sur l'efficacité comparée des psychothérapies publié en 2004 et promptement retiré en février 2005 par Philippe Douste-Blazy, alors ministre de la Santé, du site Internet de son

fondamentales minant les prétentions à évaluer et, surtout, à comparer l'efficacité des différentes psychothérapies.

La situation actuelle est marquée par la cohabitation de nombreuses méthodes de psychothérapie, on en dénombre couramment plusieurs centaines. Cette richesse témoigne sans doute de la vitalité du champ psychothérapeutique, mais, en même temps, l'opacifie en partie inutilement. En effet, les tenants de chaque approche sont souvent plus occupés à mettre en avant leur individualité, leur originalité et donc leurs spécificités théoriques, méthodologiques, pratiques et terminologiques, qu'à tenter de construire une forme de collectivité à travers des représentations et une terminologie proches voir partagées avec d'autres méthodes. L'émergence de l'appellation « psychothérapie relationnelle » dans les années 70 tente toutefois un pas dans cette direction, notamment à partir des « 5 critères »[8].

Cette situation nébuleuse du champ de la psychothérapie complique passablement le parcours des patients en quête d'un psychothérapeute, le repérage des professionnels de santé non psychothérapeutes et la compréhension du public en général, notamment des élus. Elle a par ailleurs montré ses limites dans la construction et la défense de la profession, notamment dans les luttes d'influence de ces dernières années, depuis le vote de l'amendement Accoyer à l'automne 2003.

1.2. Vers une famille de psychothérapies

Le présent travail ne propose pas une nième méthode de psychothérapie, et ne construit pas une théorie visant à se substituer à l'une des très nombreuses existantes. L'objectif est de tenter de contribuer à clarifier le champ psychothérapeutique en proposant une ligne de démarcation fondamentale entre deux familles de praticiens, les psychomaïeuticiens relevant du paradigme de la

---

ministère suite au tollé, appuyé à des arguments recevables ou non, suscité par cette étude.

[8] Psychothérapie personnelle approfondie, formation spécifique à la psychothérapie, engagement déontologique, supervision continue de la pratique et reconnaissance par des pairs.

mutation, et dont la pratique relève du paradigme traditionnel, notamment les futurs psychothérapeutes légaux.

Toutefois, l'expérience montre que déterminer de quel paradigme relève sa pratique n'est pas nécessairement évident, tant « il y a loin de la pratique au discours sur ». Autrement dit, tant est grand l'écart entre ce que l'on met réellement en œuvre dans sa pratique et la façon dont on se représente cette pratique et dont on en rend compte, même en toute sincérité. Les chercheurs en science de la pratique ont largement montré que cette remarque était particulièrement vraie pour les praticiens experts[9].

Ce chapitre permet de tracer les grandes lignes d'une pratique relevant du paradigme de la mutation dans un vocabulaire qui se veut, mais est-ce réaliste, « neutre », ou tout au moins sans intention de proximité avec une méthode existante. Autrement dit, toute ressemblance avec des méthodes existantes ou ayant existé est à la fois fortuite et espérée.

Déterminer si sa pratique professionnelle se rapproche de cette pratique « générique » va demander au praticien de mettre entre parenthèses, temporairement, sa représentation habituelle de sa pratique et ses récits la concernant, pour, dans un mouvement de retour à la pratique, constater qu'elle peut ou non être regardée à travers les lignes définies dans les sections suivantes.

Cette mise entre parenthèses des théories et discours de référence reste temporaire puisque la représentation générale qui va suivre ne vise pas à se substituer aux théories spécifiques développées par chaque méthode de psychothérapie.

1.3. Considérations générales

Le psychomaïeuticien étaye son acte psychothérapeutique sur la propension de la psyché à la croissance dans le long terme en favorisant le développement psychique. La transformation de la souffrance ou des difficultés du patient, si souffrance ou difficultés il y a, est une des conséquences de ce travail d'accompagnement.

---

[9] Bourassa B. et al (1999), p. 53 ; Leplay E. (2006), p. 12 ; Mandeville L. (2004), p. 17 ; Vermersch P. (1999).

Compte tenu des caractéristiques de la psyché et de son développement, ce choix d'orientation thérapeutique a des conséquences importantes.

Favoriser le développement psychique du patient signifie, pour le psychomaïeuticien, accompagner et respecter les fluctuations inhérentes à ce développement et non œuvrer pour qu'il se déroule dans une croissance continue en cherchant à limiter et à inverser les phases vécues comme un recul, une détérioration, une régression. Chaque moment de vie d'une personne est un moment de son développement psychique, qu'il soit vécu comme une détérioration, une amélioration, une stagnation ou sans impression particulière. Les fluctuations étant imprévisibles en fréquence et en ampleur, le psychomaïeuticien ne peut pas décider si le vécu éprouvé par le patient doit se poursuivre ou s'interrompre. Il ne peut pas connaître les étapes qui sont à franchir, ni les mutations psychiques qui doivent s'opérer, dans la suite du développement du patient. En particulier, il ne peut pas savoir si la souffrance du patient va s'atténuer ou se prolonger, s'il va trouver ou non une solution à ses problèmes et difficultés, ni s'il est souhaitable, pour son développement, que cela se produise. Plus globalement, l'état vers lequel le patient doit tendre à court terme, autrement dit l'issue de la mutation psychique en cours, reste inconnu.

Un tel respect du processus de développement psychique jusque dans ses fluctuations amène à renoncer à la suggestion sous toutes ses formes : conseil, indication ou même encouragement. En effet, ces actes s'appuient sur une représentation de ce qui est bon et souhaitable pour le patient, fût-ce la représentation que, si le psychomaïeuticien ne le sait pas, le patient lui sait ce qui est bon et souhaitable pour lui-même. Or cette représentation est en contradiction avec le projet d'accompagner le développement psychique dans le respect de ses fluctuations.

L'accompagnement du patient dans les fluctuations de son développement psychique, qu'elles soient vécues comme des moments d'amélioration, de détérioration ou de stagnation, ne dénote pour autant aucune démission du psychomaïeuticien face à la souffrance du patient, pas plus qu'une position morale selon laquelle, par exemple, la souffrance serait nécessaire ou qu'elle serait un juste tribut à payer au développement.

Cette attitude, qui concrétise le choix éthique de favoriser le développement psychique, n'exclut aucunement l'empathie et la compassion. Le psychomaïeuticien peut être intimement et profondément affecté par la souffrance du patient. D'ailleurs, le développement psychique de ce dernier apparaît parfois comme particulièrement lent, dans un rythme difficile à accepter par le psychomaïeuticien qui peut être confronté à des vécus d'impuissance, d'incompétence, d'insuffisance et à l'émergence du désir de « guérir » le patient, de le « sauver ». Le risque majeur est alors celui de la mise en acte de ce désir et d'une dérive vers la toute-puissance.

Cette attitude n'exclut pas non plus un intérêt, un souci, pour les problèmes et les difficultés rencontrées par le patient, mais l'intérêt que peut leur porter le praticien est orienté par l'intention de les explorer avec le patient et non de leur trouver une solution.

Dans le paradigme de la mutation, le psychomaïeuticien opère donc un changement radical d'attitude : il se situe du côté d'une attitude de partenaire de développement à long terme, dans une relation certes asymétrique, et non dans une attitude d'expert du soulagement du patient ou de la résolution de ses problèmes, au plus vite.

Il ne situe pas son acte dans une visée à court terme de réduction de la souffrance, de rétablissement d'un équilibre ni de réduction d'un écart à une norme ou de changement ciblé. Il ne recourt donc pas au même système d'orientation que les acteurs du secteur du soin inscrits dans le paradigme traditionnel. Pour autant, il n'est pas sans repère, ni impuissant, ni réduit à une position de présence neutre ou à une place d'ami ou de confident. Le psychomaïeuticien oriente son acte thérapeutique dans deux directions :

- La dimension humaine : le développement psychique d'une personne se déroule toujours « à l'occasion » d'un environnement, humain notamment, qui le stimule, positivement ou négativement selon l'environnement, mais aussi selon la per-

sonne et, dans la situation thérapeutique, cet environnement est essentiellement le psychomaïeuticien.
- Le rôle de la conscience et de la sémantisation : l'essentiel de la vie psychique se déroule non consciemment, la conscience étant activée surtout dans des situations nouvelles et inconnues, et la situation présente est toujours immédiatement et spontanément interprétée pour donner à la réalité une allure familière.

Les sections suivantes reviennent sur ces deux directions et sur leur mise en œuvre par le psychomaïeuticien.

2. Dimension humaine de l'intervention du psychomaïeuticien

L'être humain est un être social, ses interactions au quotidien avec ses congénères et ses relations durables investies affectivement contribuent au maintien d'un sentiment d'équilibre et à son développement psychique.

2.1. La dimension interactionnelle

L'interaction patient–psychomaïeuticien se déroule habituellement sur fond de souffrance et de demande d'aide. Elle est donc propice à la mise en jeu de différents besoins : être accueilli, écouté, entendu, reconnu, considéré, valorisé, etc., dont la satisfaction est nécessaire au sentiment d'équilibre psychique, mais aussi au développement psychique. La possibilité de satisfaire ces besoins fait appel à la capacité d'accueillir le patient, l'écouter, de le reconnaître dans ce qu'il est. Cependant, le développement psychique requiert aussi la confrontation à des limites, et donc, dans la situation thérapeutique, aux limites du psychomaïeuticien. Par exemple, le patient peut espérer et attendre un professionnel omniscient, susceptible d'apporter réponse à toutes ses difficultés, ou bien un être infiniment bon, capable d'accueillir tous ses mouvements affectifs et de répondre à tous ses besoins. La confrontation avec les limites du praticien, dans une relation qui pour autant se poursuit, est un des facteurs de construction de l'autonomie du patient, de développement de ses compétences sociales et de son inscription dans une réalité construite ensemble.

Le développement psychique requiert aussi la rencontre avec l'autre, avec sa différence qui amène à devoir composer avec l'altérité, parfois dans la confrontation et le désaccord. Il s'agit par exemple d'une façon différente de voir une situation, d'un avis divergent sur une question, de la prise de position du psychomaïeuticien face à une transgression par le patient d'une règle du cadre fixé à leur collaboration. Il peut s'agir aussi d'une défaillance du psychomaïeuticien au regard de l'attente, réaliste ou irréaliste, que le patient a de lui. Lorsque, par exemple, le patient attend, plus ou moins consciemment, qu'il soit infaillible, parfait ou bien qu'il soit le père ou la mère qui lui a fait défaut dans l'enfance.

Contribuer au développement psychique du patient, dans les dimensions d'accueil et de différenciation, demande au psychomaïeuticien d'interagir à partir de sa propre dimension d'être humain impliqué et engagé avec le patient, et lui demande de ne pas se réduire à n'être qu'un technicien, ni à chercher à se situer seulement dans une position neutre.

Toutefois, l'important n'est pas tant qu'il satisfasse ou non les besoins du patient au cours de ces interactions, mais que ces interactions soient l'occasion, pour le patient, de conscientiser comment il s'y prend pour accepter, refuser, détourner, biaiser, etc., l'interaction avec lui. Par ailleurs, répondre à un besoin n'est aucunement la garantie d'un effet vécu comme immédiatement positif sur le développement psychique. Par exemple, la disposition d'accueil du psychomaïeuticien envers le patient peut amener ce dernier à réaliser le vide relationnel et affectif de sa vie quotidienne et à constater son incapacité à profiter de cet accueil. Il peut alors éventuellement éprouver une désagréable perte de goût de vivre et remettre en cause négativement à la fois sa vie et l'image qu'il a de lui-même.

2.2. La dimension relationnelle

De façon générale, la présence régulière d'une autre personne s'accompagne d'une accoutumance à cette personne. Sa présence devient petit à petit familière, elle finit par « faire partie » de la situation, et son absence devient remarquée, voire déstabilisante. Au-delà de l'habituation produite par la régularité de la présence, le rapport à l'autre est l'occasion de développer des sentiments et des affects qui peuvent être intenses et durables. Le travail psychothérapeutique, inauguré par une demande d'aide du patient, est propice à l'instauration de liens affectifs marqués. Le psychomaïeuticien peut être perçu, vécu et investi sous différentes formes. Il peut être réduit à une fonction déshumanisée, une grande oreille qui pense au patient quand la séance débute et cesse de penser à lui lorsque la séance s'achève. Il peut être investi du pouvoir de le guérir ou de savoir à sa place. Il peut être vécu comme une personne marquante de son histoire, comme une personne désirée, aimée ou au contraire haïe, ou encore, sur le mode de la contre-dépendance, comme une personne à laquelle le patient est parfaitement indifférent. La façon dont le psychomaïeuticien est perçu et investi évolue au cours du travail commun et varie parfois au cours d'une séance. Il se trouve ainsi intégré au système d'étayage du patient de sorte que, par exemple, les rencontres avec lui peuvent être attendues avec impatience, les vacances de ce dernier vécues comme intolérables. Les retrouvailles à la rentrée peuvent alors donner lieu à un soulagement ou au contraire à des reproches et à une période de distanciation ou de rejet. Au fil du temps et du déroulement du travail, il apparaît que, dans certaines difficultés de sa vie quotidienne, le patient construit des solutions, entre autres en se demandant quelles questions lui poserait le psychomaïeuticien, quelle serait sa position, son jugement ou son attitude, même si, par ailleurs ce dernier n'exprime pas de jugement et ne donne pas d'avis. Il s'agit d'un processus d'intériorisation inhérente au développement psychique qui se produit avec toutes les personnes marquantes de notre histoire, et ce, tout au long de l'existence.

Tolérer les investissements du patient, momentanément mais parfois dans la durée, est une condition nécessaire pour que ce dernier tisse, avec le psychomaïeuticien, les liens successifs utiles à la poursuite de son développement psychique. Cependant, il n'est pas la personne idéale espérée par le patient. Il ne peut pas assumer pleinement les places idéalisées qui lui sont assignées par ce dernier et il n'est pas là pour le faire. Le lien va donc être mis au travail par ses défaillances vis-à-vis de l'attendu idéal, tout autant que par le développement psychique du patient, entraînant un réaménagement progressif de son système d'étayage qui aboutit, tôt ou tard, à la possibilité de mettre un terme à sa démarche.

Toutefois, s'il importe que le psychomaïeuticien puisse se prêter aux investissements du patient et notamment qu'il devienne un élément momentané de son système de soutien, il importe tout autant que ces investissements successifs soient, pour le patient, l'occasion de réaliser comment il s'y prend pour accepter, refuser, détourner, biaiser, etc., la relation avec lui. Par ailleurs, tolérer les places auxquelles il est assigné successivement par le patient n'est pas une garantie d'un effet vécu comme positif sur son développement psychique. Par exemple, le lien soutenant que le patient tisse peut être l'occasion, pour lui, de réaliser le manque de relation soutenante dont il a souffert tout au long de sa vie et d'éprouver l'angoisse inattendue que fait naître la perspective d'un tel soutien. Cette situation peut alors conduire à un vécu d'inaptitude relationnelle douloureux et difficile à accepter.

2.3. Impact humain sur le psychomaïeuticien

Dans un tel accompagnement humain du développement psychique, le psychomaïeuticien ne peut pas espérer être indemne de toute implication personnelle, tant dans l'impact de l'instant de l'interaction avec le patient que dans l'investissement dans la durée de la relation. Il est, lui aussi, affecté, ému, dérangé, troublé, agacé, par le patient dans l'interaction, et il développe, lui aussi, des liens affectés avec ce dernier. Dans ces conditions, pour que le travail puisse se poursuivre, on conçoit qu'il doit encadrer sa pratique par des dispositifs lui permettant de prendre le recul nécessaire à la mise au service du patient de ces vécus personnels. On pressent également que, devenir professionnel dans un tel paradigme n'est pas réductible à l'acquisition d'un savoir même complétée par celle d'un savoir-faire, mais qu'elle requiert une qualité d'être, un savoir-être singulier. Le chapitre 7 traitant de la formation et des conditions d'exercice de la psychothérapie dans le paradigme de la mutation reviendra sur ces points.

3. Conscientisation et sémantisation du vécu du patient

La longue période de maturation conduisant le nourrisson à être capable d'assurer sa propre survie et de « faire usage » couramment du monde qui l'entoure est l'occasion de la transmission d'un ensemble de connaissances, de représentations et de pratiques indispensables à sa vie, dans son environnement écologique et social. Ce travail de mise en sens du monde concerne tout autant le monde « extérieur », qui nous environne, que le monde « intérieur » : le vécu corporel, les émotions et sentiments, l'imaginaire, la pensée, etc. Par exemple, l'enfant puis l'adolescent vont petit à petit apprendre à identifier et nommer leurs émotions et leurs sentiments qui vont être associés à des souvenirs, agréables ou désagréables, à des jugements portés par l'entourage, à des façons de « faire avec » : la colère est mauvaise et il faut la retenir et la réprimer, ou s'excuser si on se laisse emporter, etc. Le vécu est donc inscrit dans un réseau de significations mises en jeu spontanément et immédiatement dans le rapport au monde à chaque instant.

À partir d'un donné biologique de base, ce « monde intérieur » est mis en forme et en sens d'abord par la culture familiale, puis par la société et les différents contextes de vie tout au long de l'existence. Ce processus de sémantisation du réel, qui se prolonge à bas bruit tout au long de l'existence, produit la réalité dans laquelle chacun vit à chaque instant.

Le monde, tant « extérieur » que « intérieur », nous apparaît, la plupart du temps, d'emblée sémantisé. Nous n'avons pas conscience, au quotidien, qu'il s'agit d'une construction donnant au réel sa forme familière. Les informations issues de nos sens ainsi que celles issues de nos sensations sont également, malgré leur évidence, une construction. L'espoir d'une objectivité, d'un accès au réel « en lui-même » qui serait possible par un simple usage de nos sens ou une simple référence au ressenti, est rendu vain par les avancées scientifiques contemporaines. Le monde qui apparaît à chacun, autant le « monde extérieur », le monde autour de nous, que le « monde intérieur » malgré sa naturelle évidence, est une construction.

Il en va de même de nos comportements dont la spontanéité est seulement la marque de l'automatisation et de « l'incorporation » au sens où notre corps semble « savoir » naturellement et spontanément que faire et comment le faire. Préoccupés par nos projets et nos buts conscients, nous vivons habituellement sans grande conscience des motivations plus enfouies qui nous mobilisent, des représentations sur lesquelles nous nous appuyons, des schèmes de réflexions auxquels nous recourons, des opérations élémentaires et automatiques mises en œuvre pour réaliser nos actes, etc. Notre existence se déroule donc largement de façon non consciente. Dit autrement, notre vie est, à la fois, influencée et permise par nombre de facteurs qui échappent à la conscience.

Pourtant, notre vécu du monde environnant et de nous-mêmes ne nous apparaît pas lacunaire ou incomplet, il n'y a pas de « trou » ou de « masque » montrant où interviennent ces facteurs non conscients. Selon notre équipement biologique, suivant l'environnement social dans lequel nous avons grandi et en fonction de notre trajectoire singulière de vie, de larges pans de notre expérience ont pu rester pauvrement sémantisés ou non conscientisés. Par exemple, une personne, ayant grandi dans une famille autarcique dans laquelle les affects et les sentiments n'étaient pas partagés, a l'habitude de tenir ces pans de l'expérience humaine hors de sa conscience et leur sémantisation est probablement restée très rudimentaire. À l'âge adulte, cette personne se trouve dans l'impossibilité de conscientiser ses affects, de leur donner sens et de les utiliser dans ses relations avec les autres. Son tissu relationnel s'en trouve très peu développé, ce qu'elle vit, par comparaison avec ses collègues de travail, comme insatisfaisant.

Enfin, le processus de sémantisation a pu conduire à la construction de significations inadéquates, sources de difficultés d'orientation et d'action dans la réalité quotidienne. C'est le cas par exemple des croyances très ancrées, tant au sujet de soi-même qu'au sujet des autres ou du monde, véhiculées par l'environnement familial ou « validées » par nos expériences de vie. On pensera aussi aux routines relationnelles habituelles et non conscientes qui fondent nos rapports sociaux et qui peuvent conduire à des impasses familières sans que nous ayons une conscience claire de ces routines, par exemple : « je sais que j'échoue toujours avec les femmes, mais je ne sais pas comment je m'y prends pour échouer ».

La section 4.2 du chapitre 4 a évoqué l'interprétation spontanée et non consciente du monde qui produit notre réalité familière en soulignant qu'il s'agit là d'une condition de survie et, à la fois, d'un frein au développement psychique, car la rencontre avec des situations nouvelles, sources de croissance, se trouve limitée par ce processus interprétatif. Le travail du psychomaïeuticien consiste alors à permettre au patient de se dégager, petit à petit, de l'évidence donnée de prime abord à sa réalité, pour conscientiser progressivement sa façon de construire cette réalité. Dans un second temps, la pertinence actuelle de cette construction peut être interpellée, ouvrant ainsi à la co-construction d'une autre sémantisation. Le travail peut aussi consister à construire ensemble du sens dans des pans pauvrement sémantisés de son expérience et, en particulier, à identifier et nommer des aspects « inconnus » de son vécu.

Ce travail de conscientisation et de (re)sémantisation du vécu du patient dans le cours de la séance est mené de plusieurs façons. Le psychomaïeuticien peut par exemple interpeller les évidences, les allants de soi, les implicites, les sous-entendus que comportent les propos du patient et qui témoignent de la réalité dans laquelle il vit. Leur dialogue permet alors de les expliciter et de les mettre en perspective. Il peut aussi mobiliser l'attention du patient pour l'inviter à la diriger vers un aspect de son vécu absent de son témoignage ou pour approfondir un aspect de son discours. Ainsi, il peut demander au patient ce qu'il a senti physiquement, ce qu'il a éprouvé émotionnellement, ce qu'il a pensé, perçu ou fait au cours de l'événement qu'il est en train d'évoquer. Il peut revenir sur une séquence de vie passée, récente ou proche, et accompagner le patient dans un travail de description, plus précis de la séquence, au cours duquel peuvent se mettre à jour et en discussion ses façons de faire, de voir, de comprendre, de réagir, etc. Il peut aussi l'inviter à être attentif dans le présent de l'interaction, à ce qu'il ressent physiquement, à ce qu'il éprouve émotionnellement, à ce qu'il est en train de penser, d'imaginer, d'anticiper, de percevoir ou de faire. Le patient va progressivement conscientiser plus largement son vécu et, ce faisant, il va développer une capacité à en être plus conscient dans sa vie, à l'extérieur de la séance. Le dialogue du patient avec le psychomaïeuticien puis avec les autres acteurs de sa vie va contribuer au processus de sémantisation de son expérience[10].

La précédente section 2 a évoqué la dimension humaine et l'implication incontournable du psychomaïeuticien dans l'interaction et la relation avec le patient. Une façon de favoriser la conscientisation de l'expérience du patient dans la séance est d'adopter une attitude de retrait, qui ne limite pas la façon dont le psychomaïeuticien est affecté, mais en filtre le témoignage, laissant un flou permettant au patient de donner différentes formes et sens à ce flou. Autant de formes et de sens qu'il pourra pointer et mettre en discussion avec le patient.

Ce n'est plus la résolution des difficultés rencontrées par le patient qui est l'objet de toute l'attention du psychomaïeuticien, mais la conscientisation du processus interprétatif qui produit le monde tel qu'il apparaît au patient et la re-sémantisation de son expérience, axes de travail insérés dans les interactions et la relation avec le patient. Dans cette conscientisation, le monde abandonne progressivement, aux yeux du patient, son statut de réel donné, de naturelle évidence, et donc de « vérité », pour devenir une construction dans laquelle il perçoit et assume, petit à petit, sa part de responsabilité.

Ce travail au long cours a des effets sur les difficultés initiales du patient qui ont motivé sa demande d'aide. Mais il peut aussi en faire surgir de nouvelles non conscientes ou simplement non présentes jusqu'alors, lesquelles renvoient parfois à l'arrière-plan les difficultés initiales.

---

[10] La description des techniques et savoir-faire développés par les diverses approches de psychothérapies pour conduire ce travail n'est pas l'objet du présent ouvrage et mériterait sans doute à elle seule une étude complète.

En dehors du savoir-faire spécifique requis pour conduire ces actes que l'on peut pressentir, on entrevoit la nécessité que le psychomaïeuticien ait largement conscientisé sa propre expérience et mis au travail son propre processus de sémantisation du monde pour pouvoir accompagner et interpeller le patient. Le chapitre 7 revient en détail sur ces deux points.

4. Effets d'une psychothérapie dans le paradigme de la mutation

Les directions de travail esquissées dans les deux sections précédentes, la dimension humaine et l'axe conscientisation-sémantisation, sont toujours concomitantes dans une pratique relevant du paradigme de la mutation. Les effets résultant de cette combinaison peuvent être abordés à partir de plusieurs points de vue, cinq sont distingués : l'accélération du développement psychique, les effets sur la souffrance et les difficultés du patient, la connaissance de soi, la socialisation secondaire et le cheminement existentiel.

4.1. Accélération du développement psychique

Dans la vie courante, le développement psychique se produit au fil des situations que nous rencontrons et il peut être freiné par la désactivation de la conscience et par la sémantisation du monde. Le travail avec un psychomaïeuticien, par la mise au travail, au moins partielle, de cette interprétation, et par le travail de la dimension humaine a pour effet d'accélérer le développement psychique.

Le développement psychique est habituellement imperceptible. Nous avons l'impression d'être stables psychiquement et ne voyons pas le changement subjectif produit. Au cours d'un travail avec un psychomaïeuticien en revanche, l'accélération du rythme du développement le rend souvent perceptible de sorte que les patients nomment certains des changements qui se sont opérés ou sont en train de se produire. Avec l'accélération du développement psychique du patient et la transformation de sa façon de voir le monde, de le penser, de l'éprouver, d'y agir, il arrive que ce monde perde en partie sa sécurisante familiarité et paraisse, en partie, inconnu, inhabituel, étrange. Ce signe de la nouveauté, inhérente à la transformation psychique, finira par laisser place, à nouveau, à un sentiment de familiarité. Par cette accélération, le rapport d'une personne avec son environnement, son insertion socioprofessionnelle, sa vie familiale, etc., se transforment plus rapidement que dans le cours normal de la vie.

On peut être étonné qu'une activité menée habituellement au rythme d'une séance hebdomadaire, d'une durée voisine d'une heure et totalisant environ une quarantaine d'entretiens par an, soit une quarantaine d'heures annuelles, produisent des transformations suffisamment profondes pour que le vécu et le comportement spontanés des patients s'en trouvent transformés[11]. Un tel effet est explicable par l'hypothèse que, comme le mentionnent souvent les patients : « ça continue à travailler entre les séances ». Autrement dit, l'expérience vécue dans le cours de la séance, tant le travail de conscientisation et de sémantisation que la rencontre humaine avec le psychomaïeuticien, amène les patients à vivre leur vie quotidienne différemment, de façon moins familière qu'à l'accoutumée. Le processus de développement psychique se trouve ainsi stimulé hors de la situation thérapeutique sans attention ni effort particulier de la part du patient.

4.2. Transformation de la souffrance psychique

L'imprévisibilité des fluctuations du développement psychique, tant en fréquence qu'en ampleur, ne permet pas de prévoir à court terme l'évolution de la souffrance du patient. À plus long terme, la propension à la croissance psychique permet de comprendre les effets de certaines psychothérapies développées au cours du siècle dernier. Si le psychomaïeuticien ne vise pas directement le soulagement de la souffrance psychique du patient, en revanche, cette souffrance va être transformée par le processus de développement psychique. Le verbe « transformer » employé ici indique que le développement psychique est une réorganisation de l'ensemble du

[11] En comparaison, on songera aux nombreuses heures passées sur les bancs de l'école et à la différence entre la transformation d'un existant, essence de la psychothérapie, l'accumulation de connaissances, essence de l'enseignement scolaire.

psychisme, réorganisation qui modifie aussi la souffrance et le rapport à cette souffrance. Il ne s'agit pas, comme c'est le cas dans le paradigme traditionnel, de tenter de s'en tenir à réduire la souffrance en limitant les effets collatéraux, mais, presque inversement, d'une action globale sur le développement psychique qui affecte, entre autres, la souffrance.

La formule consacrée par Jacques Lacan[12] pour qualifier la particularité de la pratique de la psychanalyse et parler d'une réduction de la souffrance psychique « de surcroît » peut donc être reprise, au sujet du paradigme de la mutation.

Il arrive qu'une personne commence une démarche avec un psychomaïeuticien sans souffrance particulière, par exemple pour anticiper une difficulté possible, par curiosité ou parce qu'elle estime cette démarche nécessaire pour son activité professionnelle[13] ou qu'elle lui soit demandée pour entreprendre une formation[14]. Il arrive aussi qu'une personne choisisse, bien que la souffrance l'ayant amenée à entreprendre cette démarche ait disparu ou diminué, de ne pas l'interrompre. Il est alors possible que ces personnes rencontrent et traversent des moments accompagnés d'un sentiment de recul, de régression voire de souffrance ; soit parce que le travail de conscientisation va les amener à explorer des pans difficiles ou souffrants de leurs existences jusque-là tenus à l'écart ; soit à cause des fluctuations inhérentes au processus de développement psychique qui peuvent se produire à tout moment de la démarche, soit à cause des événements imprévisibles de la vie. S'engager dans un tel parcours et choisir, alors que « ça va bien », de se confronter presque inéluctablement à des pans difficiles et souffrants de son existence jusque-là tenus à l'écart nécessite un certain courage.

[12] Jacques Lacan parlait de « guérison de surcroît », Lacan J. (1966), p. 324.

[13] Par exemple pour un éducateur spécialisé, une conseillère conjugale, un travailleur social, etc.

[14] Par exemple une formation de psychothérapeute ou de coach.

4.3. Connaissance de soi

Le travail que le patient mène, avec l'accompagnement du psychomaïeuticien, pour conscientiser et sémantiser son expérience construit des connaissances relatives à lui-même. Ainsi, les patients sont souvent étonnés de découvrir leurs perceptions des choses, le sens qu'ils donnent à leur vécu, leur façon de construire les choix qu'ils opèrent et les actions qu'ils conduisent. Ils sont aussi surpris de constater que certains aspects de leur façon de vivre et d'interagir avec les autres se sont mis en place de façon similaire avec le psychomaïeuticien, malgré le caractère souvent jugé artificiel de la situation. L'interaction et la relation avec ce dernier deviennent alors le lieu même de la production d'une connaissance « en direct » au sujet du patient en train d'exister en présence du psychomaïeuticien. Réciproquement, les patients sont aussi étonnés de constater, que les découvertes qu'ils font au sujet de leurs interactions et de leur relation avec le psychomaïeuticien, sont également valables pour d'autres moments de leur vie quotidienne avec d'autres personnes hors des séances.

Le travail de conscientisation développe, chez le patient, une capacité à être plus conscient de son propre vécu, dans l'interaction avec le psychomaïeuticien. Dans sa vie courante, il va disposer d'une conscience accrue qui lui donne, à juste titre, le sentiment de mieux se connaître, se percevoir, se sentir, se voir agir, s'entendre penser dans le vif des différentes situations qu'il rencontre au quotidien.

Le patient peut observer un enrichissement de son vocabulaire, notamment lorsque le travail concerne un aspect pauvrement sémantisé de son vécu, une extension du discours qu'il peut produire à son sujet et au sujet du monde. Cet enrichissement est d'autant plus marqué que la mise en mots, amorcée avec le psychomaïeuticien, se poursuit dans sa vie quotidienne, avec son entourage habituel.

À ce titre, le travail conduit dans le paradigme de la mutation est, de fait, une démarche de construction d'une connaissance à son propre sujet et certains patients entament un tel processus dans cet unique but de connaissance de soi. Pour autant, leur développement psychique va s'en trouver stimulé et rien n'exclut, comme cela a été mentionné plus haut, que, dans le temps de ce travail, ces patients traversent des fluctuations accompagnées de sentiments de régression voire de souffrance ou découvre des pans difficiles de son existence. Pour autant, rien ne permet d'affirmer que ce sont ces souffrances, encore inconnues au début de la psychothérapie, qui ont motivé le patient à entamer cette démarche.

4.4. Socialisation secondaire

Dans les séances, le patient fait l'expérience, renouvelée de semaine en semaine, d'un temps et d'un espace échappant aux conventions sociales habituelles : c'est un temps pour lui, en présence d'un autre, qui n'a pas d'attente envers lui, même s'il imagine souvent le contraire. Le rythme de ce temps est réglé seulement par l'interaction et peut paraître parfois très lent. Le patient est là pour s'occuper de lui et les rôles patient–praticien sont paradoxalement redéfinis : il vient voir « quelqu'un » dont il attend souvent une expertise pour l'aider à résoudre les difficultés de sa vie ou à guérir sa souffrance. Or l'expertise du psychomaïeuticien ne porte pas sur la trajectoire de vie du patient[15], mais sur le travail de conscientisation et de sémantisation inscrit dans la rencontre humaine avec le patient.

Le regard est porté à un endroit inhabituel : non pas sur le monde comme c'est habituellement le cas, mais sur la sémantisation du monde vers une conscientisation toujours plus grande de sa façon de percevoir, de s'orienter et d'agir dans ce monde. Par ailleurs, le patient ne connaît rien ou presque rien de la vie privée du psychomaïeuticien –ce dernier lui est largement inconnu en dehors de l'expérience qu'il en a dans le cours de la séance alors que souvent il raconte sa vie en détail–. Pourtant, il tisse avec lui une attache singulière et forte. L'intimité et la confiance qui s'établissent permettent l'émergence et l'interpellation de vastes espaces du vécu laissés dans l'ombre et les patients évoquent des sujets qu'ils ne peuvent évoquer nulle part ailleurs.

La fréquence ritualisée des entretiens, reconduits régulièrement de semaine en semaine, combinée à la nature de l'activité psychothérapeutique contribue au processus de socialisation du patient,

---

[15] Il s'agirait alors là plus d'un rôle de conseiller.

par l'interpellation, le questionnement et la transformation des connaissances acquises sur le monde, des valeurs, des représentations et des pratiques mises en œuvre dans la vie sociale, dans la relation à l'autre et au monde. Tant par la dimension humaine du travail que par ses effets de conscientisation et de sémantisation, une telle démarche a pour effet de stimuler le processus de socialisation.

4.5. Autonomisation et transformation du système de soutien

La section 2.3 du chapitre 4 a évoqué le processus d'autonomisation en cours dans l'enfance et l'adolescence, processus qui ne s'achève pas avec l'arrivée à l'âge adulte, mais se prolonge tout au long de la vie. Ce processus n'est pas linéaire et des périodes d'autonomie croissante peuvent alterner avec des phases de recul temporaire ou durable, au cours de la vieillesse notamment.

Au cours d'un travail mené dans le paradigme de la mutation, on observe généralement une évolution vers plus d'autonomie. Qu'il s'agisse de se sentir moins dépendant de sa famille d'origine, ou actuelle, du regard des autres, des représentations et jugements portés jusqu'alors, etc. Cette autonomisation a des répercussions sur le système de soutien. Par exemple, des liens disparaissent, la nature de certains évolue, de nouveaux se créent, mais aussi des activités indispensables deviennent secondaires, le degré de confiance en soi augmente ou au contraire diminue, une propension à la jalousie fait son apparition ou au contraire s'atténue, etc.

Ce processus, inhérent au développement psychique, se trouve accéléré par le travail psychothérapeutique de sorte que le patient peut souvent « voir » plus clairement que dans la vie quotidienne, sa propre évolution et l'évolution de son système relationnel. Une telle évolution n'est pas anodine pour les partenaires relationnels qui peuvent eux-mêmes se trouver déstabilisés dans leur propre système de soutien. On peut par exemple entendre une famille se plaindre d'un praticien au prétexte que leur enfant, pourtant adulte, prend de la distance et n'occupe plus la place qu'il avait jusqu'alors dans le système familial.

Malgré le souhait légitime des patients de sortir rapidement de la souffrance, et donc que « ça aille vite », il est donc heureux que le développement psychique, accéléré par la démarche, reste progressif. Une transformation psychique trop rapide risquerait de conduire à un appauvrissement périlleux du système relationnel et du système d'étayage : les relations actuelles, n'ayant pas le temps d'évoluer, risqueraient de se rompre alors que les nouvelles n'auraient pas encore eu le temps de se tisser.

4.6. Cheminement existentiel

Quels que soient les motifs poussant les patients à entamer un travail avec un psychomaïeuticien, nombre d'entre eux voient émerger, au cours de cette démarche, des questions existentielles : échelle de valeurs, choix fondamentaux d'orientation de vie, sens de la vie, question de la mort, etc. Ces questions, qui d'ailleurs sont parfois d'emblée la préoccupation qui motive un patient, sont aujourd'hui exacerbées par différents facteurs : fin de la période d'opulence et de croissance du siècle dernier en Occident ; prise de conscience des limites de la planète et de son état ; crainte d'un avenir qui ne sera probablement pas meilleur pour nos enfants que pour nous ; constat de la poursuite des guerres et de la violence ; incertitude des trajectoires professionnelles et personnelles, etc. Autant de points qu'il est difficile aujourd'hui de méconnaître et qui nécessitent des changements radicaux dans nos valeurs, nos façons d'agir, de vivre et de mener nos existences.

La situation psychothérapeutique inscrite dans le paradigme de la mutation est propice à l'émergence de ces questionnements et à leur mise au travail. L'intimité qui s'installe avec le psychomaïeuticien, le constat répété qu'il ne cherche pas à imposer ses idées, la confiance dans sa capacité à accompagner les angoisses qui peuvent émerger à l'occasion de ce cheminement, la garantie de la régularité des séances et le sentiment que ces séances peuvent être des parenthèses en dehors du rythme et des enjeux de la vie quotidienne sont autant de facteurs qui conduisent nombre de patients à aborder de tels questionnements.

La psychothérapie auprès d'un psychomaïeuticien va donc être l'occasion, pour le patient, de prendre conscience et d'interpeller ses propres valeurs, ses orientations, ses responsabilités, de construire ou de poursuivre sa réflexion, de faire évoluer ses idées, de mûrir ses choix. Autant de directions de changement, imprévisibles, mais aux conséquences potentiellement importantes sur sa vie, sur son entourage et plus largement sur la société.

5. Considérations sur le patient et le psychomaïeuticien

5.1. Point de vue du patient et point de vue du praticien

Le point de vue présenté dans ces pages est celui du psychomaïeuticien : sa façon d'appréhender la souffrance psychique et d'en prendre soin. Le patient est rarement dans la même perspective sans pour autant que cela gêne le déroulement du processus thérapeutique, pour autant que les deux se soient entendus sur le fait que le travail ne vise pas une réduction au plus vite de la souffrance, mais l'accompagnement du développement psychique.

Pour le patient, les thèmes abordés au cours des séances sont habituellement constitués des souffrances, des problèmes, des difficultés qui l'ont amené à entamer une démarche. Mais c'est bien plus l'interaction, la conscientisation et la sémantisation se déroulant simultanément à l'évocation des thèmes importants pour le patient, qui sont la source de son développement psychique et de la transformation de ses difficultés. Dans une démarche de résolution de problèmes, le travail est centré sur les difficultés à résoudre, généralement extérieures à la situation psychothérapeutique. Dans le paradigme de la mutation, la transformation de ces problèmes est, là aussi, un effet de la favorisation du développement psychique. Dès lors, ces difficultés, comme tout thème abordé par le patient, sont seulement le prétexte et le support du travail d'interaction, de relation, de conscientisation et de sémantisation.

Ainsi, certains patients explorent leur histoire passée dans le détail alors que d'autres ne l'évoquent jamais. Certains mentionnent dans le détail les événements qui se sont déroulés dans leur quotidien depuis la dernière séance, d'autres restent centrés sur leur vécu dans le déroulement de l'interaction psychothérapeutique.

Avec certains patients, ou à certaines périodes de la démarche, les séances sont l'occasion d'un échange verbal dense et animé, avec d'autres patients ou à d'autres moments, les séances sont très silencieuses et sont l'occasion d'une coprésence et d'un dialogue essentiellement non verbal. Certains patients fournissent une explication précise à leur désir d'entamer un tel travail, d'autres disent seulement éprouver le besoin ou le désir de venir ou de continuer sans pouvoir préciser plus.

Comme la psychothérapie conduite dans le paradigme de la mutation consiste à accompagner le développement psychique, et qu'il est imprévisible, le psychomaïeuticien ne porte aucun jugement sur ces différents cas de figure. Toutes ces situations, quelles que soient leurs singularités, s'appuient sur le rythme et l'originalité de chaque patient, ou plus exactement, de chaque dyade patient–psychomaïeuticien.

Le paradigme de la mutation n'est pas fondé sur la distinction santé–maladie et le psychomaïeuticien ne conçoit pas son acte comme un acte de guérison. Le patient peut en revanche se représenter les changements qu'il observe en termes de réparation d'un traumatisme ancien ou récent, de guérison d'un état qu'il considère comme une maladie et en témoigner à travers un vocable qui relève du paradigme traditionnel. Là, comme sur les autres sujets, patient et psychomaïeuticien n'ont pas à aboutir au même point de vue sur la réalité, ni à la même façon d'en rendre compte.

5.2. Motivation du patient ou prescription du praticien

Dans le paradigme traditionnel, le jugement de rétablissement du patient et, donc, la décision de fin du traitement thérapeutique relèvent du soignant à partir des différents moyens d'évaluation dont il dispose. C'est bien le médecin qui détermine si le cancer, ou la dépression, est guéri et qui décide de la fin du traitement. Parfois, l'avis du patient est un des éléments contribuant à cette décision.

Dans le paradigme de la mutation, la psychothérapie consiste à accompagner le développement psychique. Comme le développement se prolonge tout au long de la vie, il ne peut donc pas revenir au psychomaïeuticien de décider du moment où cet accompagnement doit se terminer ou, au contraire, si une personne doit entamer une démarche, ou la prolonger si elle a décidé de l'interrompre. Toutes ces décisions relèvent du patient et dépendent de sa motivation. Aux questions parfois posées par les patients au psychomaïeuticien : « Ai-je besoin d'une psychothérapie ? » ou « Dois-je continuer ma psychothérapie ? » ou encore « Est-ce le moment d'arrêter ? » La seule réponse apportée par ce dernier est d'explorer le questionnement du patient, d'interpeller sa motivation à continuer, ainsi que les possibles difficultés, dans la relation thérapeutique ou à l'extérieur qui, peut-être, le poussent à concevoir l'arrêt comme seule issue envisageable. Ces interpellations peuvent être, par ailleurs, l'occasion de poursuivre le processus de conscientisation et de sémantisation.

C'est donc au patient que revient la décision d'arrêter ou de poursuivre sa démarche thérapeutique. Toutefois, lorsqu'il annonce son désir ou sa décision de l'interrompre, le psychomaïeuticien doit explorer avec lui ce désir ou cette décision notamment dans deux directions. D'une part, s'agit-il de la disparition de sa motivation ou d'un sentiment d'impasse ou de blocage dont la seule issue lui semble être l'arrêt, alors que la motivation à poursuivre reste présente ? D'autre part, compte tenu des liens que le patient a pu tisser avec le psychomaïeuticien, et dont il n'a pas nécessairement pris conscience, se met-il en danger en interrompant la relation à ce moment du travail ? Il est de la responsabilité du professionnel de mettre au travail ces questions, en accompagnant le patient à construire ses propres réponses, sans répondre lui-même puisqu'il ne peut pas prétendre savoir à la place de ce dernier.

La disparition de la motivation ne signifie pas l'achèvement du processus de développement psychique puisqu'il se prolonge tout au long de la vie. L'arrêt du travail signifie seulement, que dorénavant, le développement psychique se poursuivra à travers les expériences de vie du patient, la rencontre avec le psychomaïeuticien n'en faisant plus partie. Une telle démarche ne peut donc jamais être jugée achevée, au sens « d'avoir tout exploré », d'être prémuni contre les fluctuations, crises ou régressions à venir, de ne plus jamais éprouver le besoin ou le désir de recourir à un psychomaïeuticien. Rien n'empêche, après un arrêt, la reprise ultérieure d'un travail avec le même praticien ou avec un autre.

Dans le paradigme de la mutation, les effets d'une psychothérapie sont multiples et imprévisibles en détail. Une telle démarche ne peut donc pas faire l'objet d'une prescription en vue d'un effet précis ou d'un changement déterminé à l'avance.

En revanche, elle peut être conseillée ou proposée puisque son effet global est une accélération du développement psychique dans un mouvement global vécu, dans du long terme, comme une croissance. Dans ce cas, compte tenu de l'imprégnation culturelle du paradigme traditionnel et pour permettre au patient d'évaluer sa motivation à entamer ce travail, il est nécessaire de lui exposer, au moins succinctement, le changement d'orientation que constitue le passage d'une démarche de soin « classique » à une démarche de soin inscrite dans le paradigme de la mutation.

La motivation du patient constitue donc la première et principale condition de possibilité d'une psychothérapie conduite dans le paradigme de la mutation[16], le psychomaïeuticien n'ayant pas, dans ce paradigme, à juger la pertinence ni la nécessité d'entreprendre une telle démarche.

6. Réflexions éthiques et épistémologiques

6.1. Considération éthique

Dans le paradigme traditionnel, le médecin dispose d'un référentiel de « bonnes pratiques » lui permettant, en fonction du diagnostic posé et dans le souci éthique de soulager au plus vite le patient, de déterminer le traitement le plus efficace.

Dans le paradigme de la mutation, les interventions visent à accompagner le développement psychique et ses fluctuations, sans chercher à « débloquer » les situations de blocage, ni à « inverser » les phases de remise en cause ou de recul, ni à « favoriser » les

[16] Il est possible que la notion de « désir » de la psychanalyse, présenté comme le moteur de la cure, soit similaire à cette notion de « motivation ».

périodes d'amélioration. Comme l'issue de la mutation psychique, au cours de laquelle prend place l'intervention du psychomaïeuticien est imprévisible et qu'elle tirera parti, d'une façon ou d'une autre de cette intervention, il ne peut pas exister de critère permettant d'en juger la qualité ou l'efficacité.

Ainsi, au cours de la démarche, le passage d'une période vécue comme une amélioration à une période vécue comme une détérioration n'est pas le signe d'un échec. De même, parfois, certains parcours se terminent sur un conflit entre patient et psychomaïeuticien, sans que ce conflit signe un échec du travail, même si le patient éprouve de la colère envers le praticien. Car ce sont les notions mêmes d'échec ou de réussite de la démarche qui sont caduques dans le paradigme de la mutation, ce qui n'empêche pas le patient ou/et le psychomaïeuticien d'éprouver, par moment, un sentiment d'échec ou, au contraire, de réussite.

Dans les situations difficiles, le recours au conseil, à l'indication ou à l'encouragement est toujours une solution tentante dans l'espoir d'écourter l'épreuve du patient, mais aussi celle du psychomaïeuticien en présence de la souffrance du patient. Cette solution est d'autant plus tentante que le patient s'en remet souvent à l'expertise qu'il attribue au psychomaïeuticien en lui demandant de tels positionnements et avis. Cependant, y recourir place ce dernier en contradiction avec le paradigme dans lequel il s'inscrit. En effet, une telle attitude revient à croire que l'on sait ce qui est bon ou bien pour le développement psychique du patient alors que l'issue de la mutation en cours est toujours imprévisible et que le projet est d'accompagner les fluctuations sans en modifier l'orientation.

Au premier abord, surtout sur fond de maîtrise du processus de soin inhérent au paradigme dominant, l'attitude du psychomaïeuticien peut être jugée comme une solution de facilité, un renoncement, une insouciance voire un « je-m'en-foutisme ». C'est sans doute vrai si le praticien ne prend pas à cœur son activité ou s'il ne mesure pas l'implication dans laquelle il se trouve, de fait, avec ses paients. Mais, lorsqu'il est réellement engagé avec le patient en souffrance, cette attitude est, au contraire, éprouvante et exige une grande rigueur. En témoigne le désarroi des « jeunes » œuvrant dans le paradigme de la mutation, et parfois aussi des plus expérimentés, lorsqu'ils accompagnent les patients dans des phases difficiles et vécues comme un recul ou une régression.

Sans possibilité de recourir à un protocole préétabli ou à un référentiel de bonnes pratiques, le souci éthique doit conduire à se doter des moyens de poursuivre, au mieux, le travail d'interaction, de relation, de conscientisation et de sémantisation quelles que soient les fluctuations traversées. Cette obligation de moyen, évidente dans les situations d'urgence, est aussi valable plus généralement dans le travail avec tout patient et à tout moment de la démarche, même si aucun questionnement particulier n'est soulevé, tant le professionnel est, comme tout être humain, sujet à des manifestations non conscientes.

Cette façon d'appréhender la souffrance n'est tenable donc qu'au prix d'un travail sur soi-même approfondi et d'une formation solide ayant notamment conduit à explorer les élans humains de compassion et de désir de soulager la souffrance. De plus, le psychomaïeuticien doit se doter de dispositifs[17] professionnel d'interpellation de sa pratique et de son vécu, sans pour autant espérer, un jour, atteindre un degré de conscience tel qu'il puisse s'en passer. Le chapitre 7 reviendra plus en détail sur ce point.

6.2. Considération épistémologique

La psychopathologie, science de la souffrance psychique, vise à décrire la pathologie mentale et à en comprendre l'origine et les mécanismes. À ce jour, aucune des nombreuses théories psychopathologiques n'a été scientifiquement validée ni ne fait consensus en psychiatrie et en psychologie clinique. Pour autant, on peut aisément comprendre que la psychopathologie soit considérée comme le fondement des disciplines du paradigme traditionnel visant à soigner la pathologie mentale[18] : la psychiatrie et la psychologie clinique, mais aussi la psychothérapie mise en œuvre en référence

[17] Qualifiés souvent de supervision.
[18] Ménéchal J. (1997), p. 9-10 ; Grosbois P. (2007).

au paradigme dominant, notamment par les futurs psychothérapeutes légaux[19].

Dans le paradigme de la mutation, le décalage de la préoccupation, du soulagement de la souffrance psychique vers l'accompagnement du développement psychique, relativise l'importance de la psychopathologie.

Par ailleurs, au cours de ce chapitre et du précédent, la prise en compte de la souffrance psychique ainsi que les grandes lignes de la pratique du psychomaïeuticien ont été tracées sans référence à une typologie des souffrances psychiques, ni référence à une théorie explicative de ces souffrances. Dans le paradigme traditionnel, le traitement est adapté à la pathologie du patient, indépendamment du soignant. Dans le paradigme de la mutation en revanche, l'intervention d'un psychomaïeuticien se construit surtout à partir de la façon dont il est affecté par le patient, variable d'un praticien à l'autre, à partir de leur histoire commune depuis leur première rencontre, et donc à partir du style et du cheminement du praticien. Dit autrement, l'intervention se construit en fonction de la situation psychothérapeutique globale, incluant le psychomaïeuticien jusque dans sa dimension humaine.

Enfin, l'accompagnement des jeunes psychomaïeuticiens montre qu'une connaissance psychopathologique est souvent embarrassante. En effet, elle leur donne l'illusion d'un savoir opérant au sujet du patient alors que, justement, compte tenu des spécificités de la pratique dans le paradigme de la mutation, ce savoir ne leur est pas d'une grande aide pour construire ses interventions dans le vif de l'interaction avec le patient.

Les considérations qui précèdent dessinent les contours d'un professionnel dont les compétences et l'expertise diffèrent de celles auxquelles le paradigme dominant nous a habitué. Lorsqu'un patient fait appel à un professionnel du champ médical, il attend de

[19] Dont la loi garantit, outre qu'ils sont titulaires d'un diplôme de médecin ou de psychologue clinicien, qu'ils auront suivi, si nécessaire, un cursus de formation complémentaire, mais seulement en psychopathologie.

ce professionnel la capacité de lui dire de quoi il souffre, quelle sera l'issue de son affection et dans quels délais, quel traitement il doit suivre et, après traitement, s'il est guéri ou non. Dans ce paradigme traditionnel, la psychopathologie constitue la théorie de la connaissance qui fonde les pratiques de soin de la psyché.

Le paradigme de la mutation relève lui d'une autre épistémologie, sans doute transdisciplinaire et couvrant plusieurs disciplines des sciences humaines. Les connaissances psychopathologiques sont sans doute intéressantes, mais n'en constituent en aucun cas le fondement. Par ailleurs, l'expertise du psychomaïeuticien n'est pas à chercher du côté de ses connaissances. Elle relève surtout de l'acquisition d'un savoir-faire et du développement d'une qualité d'être et d'une attitude, lui permettant de mettre en œuvre, dans le vif du présent de la rencontre avec le patient, une pratique s'inscrivant dans les grandes lignes esquissées dans les sections précédentes. Le chapitre 7 reviendra sur ces points sous l'angle de la formation de psychomaïeuticien.

Cette ligne de clivage épistémologique situe le psychomaïeuticien en dehors du champ de la psychiatrie, de la psychologie clinique et de la future « psychothérapie légale » dont l'épistémologie est la psychopathologie.

7. Résumé

Délimitant une famille de pratiques déjà mises en œuvre aujourd'hui, et depuis plusieurs décennies pour certaines, ce chapitre a permis de tracer les grandes lignes de la pratique du psychomaïeuticien : travail de conscientisation et de (re)sémantisation de l'expérience du patient se déroulant à l'occasion de l'interaction et de la relation dans lesquelles le praticien est impliqué dans sa dimension humaine. Il se situe dans une perspective de co-construction avec le patient et non de savoir « sur » le patient ou à son sujet.

Dans cette perspective, la souffrance et les difficultés ayant poussé un patient à faire appel à un psychomaïeuticien ne sont pas exclues de son intérêt, mais elles font l'objet d'un travail visant la conscientisation et la sémantisation de l'expérience du patient dans l'interaction et la relation avec lui et non d'un travail visant leur suppression ou leur résolution au plus vite.

Le fait que la psychopathologie ne constitue pas l'épistémologie du paradigme de la mutation, que l'accompagnement du développement psychique en soit la visée et qu'aucune référence à une distinction normal–pathologique n'en établisse le fondement, constitue un triple clivage, épistémologique, éthique et anthropologique avec le paradigme traditionnel, qui situe la pratique du psychomaïeuticien clairement hors du champ médical. Pour autant, elle ne relève pas du « développement personnel » puisqu'il s'agit bien toujours de prendre en compte des patients en souffrance psychique et en difficulté, mais dans une perspective radicalement différente de celle du paradigme traditionnel.

Les praticiens qui reconnaîtront leur pratique dans les grandes lignes esquissées dans ce chapitre sont, sans doute, des praticiens des psychothérapies dites « relationnelles » et d'autres issues plus ou moins directement de la psychanalyse. En revanche, les thérapies cognitivo-comportementales, les démarches « orientées solutions », les approches développées dans les différents contextes médicaux et institutionnels et ainsi que les approches visant un changement ciblé relèvent très probablement du paradigme traditionnel.

L'approche dite éclectique, consistant à prendre la méthode ou la technique la plus adaptée à la pathologie présentée par le patient ou à la nature des changements désirés relève clairement du paradigme traditionnel. La situation des approches dites intégratives est probablement moins claire. Lorsque l'intégration est basée sur la recherche des meilleures techniques pour une pathologie ou une catégorie de patients, la méthode relève très probablement du paradigme traditionnel. En revanche, une pratique, évoluant et s'enrichissant au fil des différentes formations reçues par le praticien tout en conservant comme fondement l'intention d'accompagner le développement psychique et ses fluctuations vers une forme imprévisible a priori, relève du paradigme de la mutation.

S'il est probable que nombre de « psychothérapeutes relationnels » se reconnaissent comme psychomaïeuticiens, il est en revanche certain, que d'autres parmi eux se retrouvent plus dans le paradigme traditionnel, notamment lorsqu'ils se réfèrent à une dichotomie normal–pathologique et à une psychopathologie pour déterminer si un patient a besoin ou non d'une psychothérapie et pour orienter leur acte thérapeutique. Mais il est possible aussi que des praticiens ne se reconnaissant pas sous l'appellation de « psychothérapeute relationnel » se situent pour autant du côté du paradigme de la mutation[20], y compris chez les psychanalystes[21]. Enfin, la pratique de la plupart des médecins, psychiatres, psychologues cliniciens et futurs psychothérapeutes légaux relève certainement du paradigme traditionnel, mais il est possible que certains d'entre eux se reconnaissent dans les grandes lignes de la pratique définie dans ce chapitre.

La ligne de clivage, à la fois éthique, anthropologique et épistémologique ne recouvre donc pas les lignes de démarcation existantes à ce jour dans le champ de la psychothérapie et traverse chacun des camps et des catégories socio-professionnelles établies. Elle ne rejoint pas non plus tout à fait la ligne de clivage séparant « les tenants des psychothérapies autoritaires, fondées sur l'imposition par le maître-thérapeute d'une technique standardisée, et ceux qui prennent appuis sur la demande pour obtenir une mutation subjective, psychanalystes et psychothérapeutes relationnels »[22]. C'est dans ce sens que cet essai prétend contribuer à la recomposition du champ du soin psychique.

---

[20] Par exemple, les gestalt-thérapeutes considèrent souvent que la Gestalt-thérapie ne fait pas partie des psychothérapies relationnelles, alors que nombre d'entre eux se reconnaîtront probablement dans le paradigme de la mutation.

[21] Tant les pratiques de psychanalyse se sont diversifiées au contact des psychothérapies, notamment humanistes, au point que Jean-Claude Maleval, psychanalyste et professeur de psychopathologie à l'Université de Rennes II, questionne la possibilité de soutenir l'existence d'une spécificité de la psychanalyse par rapport aux psychothérapies (cf. Maleval J-C. (2005), p. 240).

[22] Maleval J-C. (2005), p. 244.

CHAPITRE 6 – RETOUR SUR QUELQUES POINTS DU PARADIGME TRADITIONNEL

Le paradigme de la mutation opère un changement radical de point de vue au sujet de la souffrance psychique qui conduit à un changement tout aussi radical d'attitude et de visée dans l'acte du psychomaïeuticien en regard des pratiques de soin habituelles. Cependant, la prégnance et la dominance culturelle du paradigme traditionnel ne manqueront pas de faire surgir différentes questions : Le paradigme de la mutation n'est-il pas réservé aux difficultés psychosociales ? Que faites-vous de la maladie mentale ? De la psychopathologie ? Du diagnostic ? De l'évaluation ?

Une réponse rapide pourrait être : nous n'en faisons rien, car ces questions sont posées à partir d'une construction de la réalité en référence au paradigme traditionnel. Or, dans le paradigme de la mutation elles sont sans objet puisque faisant référence aux concepts de santé, de maladie et de guérison qui ne relèvent pas de ce paradigme.

Toutefois, ce serait aller un peu vite et éluder des thèmes importants sous-jacents à ces questions : si leur formulation relève bien du paradigme traditionnel, elles rendent compte de faits dont il est nécessaire de regarder comment ils sont abordés dans le paradigme de la mutation. C'est l'objet de ce chapitre qui permettra d'approfondir quelques points du nouveau cadre de pensée et de soulever des interrogations n'ayant pas reçu à ce jour de réponse définitive et méritant sans doute de rester ouvertes.

1. Quid de la maladie mentale ?

Les tenants du paradigme traditionnel ne manqueront pas de demander : Mais qu'en est-il de la maladie mentale dans le paradigme de la mutation ?

La prégnance du point de vue médical dans notre culture conduit naturellement à considérer que la maladie mentale existe et qu'il est donc légitime d'interroger sa prise en compte. Cependant, affirmer l'existence de la maladie mentale, tout autant que la nier d'ailleurs, c'est confondre un fait et le regard porté sur ce fait. Plus exactement, c'est confondre un fait comportemental et expérientiel avec un fait culturel et social. C'est confondre des comportements, des vécus, des souffrances, avec le diagnostic de maladie mentale auquel ils conduisent dans le cadre du paradigme traditionnel. Tenter de répondre à la question initiale : « qu'en est-il de la maladie mentale dans le paradigme de la mutation ? », nécessite de la reformuler en revenant aux faits : « qu'en est-il de la prise en compte des personnes présentant des comportements, des vécus, des souffrances, conduisant à un diagnostic de maladie mentale dans le paradigme traditionnel ? »

Il relève de considérations culturelles et sociétales de déterminer si certaines personnes, durablement ou ponctuellement, peuvent se comporter de façon inadmissible pour la société contemporaine (kleptomanie, exhibitionnisme, etc.) ou se mettre en danger vital (conduites à risque, tendances suicidaires, etc.) ou mettre autrui en danger (jaloux maladif, personne violente, meurtrier, etc.) ou être considérées trop « décalées », en rupture avec la réalité admise par la société (schizophrénie, paranoïa, etc.). Face à ces comportements, la société a mis en place des dispositifs de préservation de ses membres et/ou d'elle-même comme la médication, l'internement ou l'emprisonnement. Le recours à ces dispositifs relève de la responsabilité des professionnels ayant la légitimité de prendre les mesures adéquates. En France, de telles décisions relèvent des psychiatres et non des psychomaïeuticiens, à moins qu'ils ne soient, par ailleurs, psychiatres.

Aborder ces faits dans le cadre du paradigme de la mutation ouvre plusieurs questions qui mériteraient d'être approfondies :

- Le développement psychique de telles personnes répond-il aux caractéristiques relevées au chapitre 4 et notamment celle d'un développement vécu comme une croissance dans le long terme ?

- Dans l'affirmative, de telles personnes peuvent-elles s'inscrire dans une psychothérapie conduite par un psychomaïeuticien et en tirer bénéfice ?

Si ces deux questions reçoivent une réponse affirmative alors, indépendamment du diagnostic qui a pu être posé par d'autres professionnels au sujet d'une personne et des mesures qui lui sont appliquées, rien ne s'oppose a priori à ce que l'émergence d'une motivation à entamer une psychothérapie dans le paradigme de la mutation soit suivie d'effet.

L'expérience montre que la prise en charge de personnes présentant les symptômes évoqués précédemment et diagnostiquées comme malades mentaux nécessite un travail en réseau voire en équipe faisant intervenir plusieurs catégories de professionnels, éventuellement dans des structures d'accueil spécifiques. Aujourd'hui, la prise en charge de ces personnes est assurée par des équipes médicales et paramédicales. Les psychomaïeuticiens pourraient sans doute avoir une place dans ces dispositifs à condition, d'abord, qu'une demande des patients existe et que ces patients soient considérés comme pouvant s'inscrire dans un tel travail. À condition aussi, que les psychomaïeuticiens soient acceptés dans de tels réseaux et équipes malgré leur référence à un cadre de pensée situé résolument hors champ médical, ce qui semble d'autant plus douteux que la loi inscrit désormais clairement le titre de psychothérapeute dans le paradigme traditionnel.

2. Médicaments et paradigme de la mutation

Les symptômes de certaines souffrances psychiques[1] peuvent être atténués par une médication appropriée ou par des techniques spécifiques[2] et les patients peuvent légitimement souhaiter y recourir. Lorsqu'un patient fait une démarche avec un psychomaïeuti-

[1] phobies, troubles obsessionnels compulsifs, dépression, etc.

[2] Techniques de conditionnement, de relaxation, d'expression artistique, etc.

cien, la question de la pertinence d'un tel recours modifiant ses symptômes par un moyen supplémentaire à celui de ce travail mérite d'être posée. Modifiant l'expérience vécue par le patient, une telle médication va affecter le travail de conscientisation et de sémantisation et faire disparaître des symptômes pertinents pour la psychothérapie alors que, réciproquement, le psychomaïeuticien peut activer ou stimuler les symptômes que la médication cherche à atténuer.

Par exemple, un patient présentant des symptômes pouvant conduire à un diagnostic de dépression peut voir ses symptômes accentués par le travail de conscientisation dans lequel, devenant de plus en plus conscient de son état ou de l'ampleur des impasses de sa vie, il peut se vivre de plus en plus désespéré. Dans le paradigme traditionnel, une telle accentuation est sans doute conçue comme un échec du traitement et le renforcement de la souffrance, jugée superflue. Ces jugements conduiraient à une modification du traitement en vue de corriger l'évolution. Dans le paradigme de la mutation, en revanche, une telle accentuation n'est pas considérée comme un échec du travail thérapeutique, mais comme une des étapes de la mutation psychique en cours, une fluctuation vécue comme une détérioration. Ne pouvant prétendre connaître le chemin que doit suivre le développement psychique du patient, le psychomaïeuticien ne peut pas statuer sur la pertinence de recourir à une médication visant à atténuer ou faire disparaître des symptômes.

Bien que n'étant pas sans effet sur le processus thérapeutique et que la décision finale revienne au patient et non au psychomaïeuticien, le souhait de recourir à un moyen supplémentaire à la psychothérapie et la fonction d'un tel recours méritent d'être questionnés ensemble, que cette situation se produise au début du travail ou en cours de route. Si la décision est prise de recourir à une médication, le patient doit s'adresser à un professionnel compétent et légitime pour construire un diagnostic psychopathologique et prescrire un traitement.

3. Nécessité d'une connaissance en psychopathologie ?

La psychopathologie, science de la souffrance et des troubles psychiques, constitue le fondement pour la prise en charge de la souffrance psychique dans le paradigme traditionnel. C'est l'horizon épistémologique de la psychiatrie, de la psychologie clinique et, désormais, de la psychothérapie mise en œuvre par les psychothérapeutes légaux. Il peut sembler évident qu'une formation en psychopathologie doive constituer la base minimale commune à toutes les approches de psychothérapie. Mais si une connaissance en psychopathologie est fondamentale pour le psychothérapeute exerçant dans le paradigme traditionnel, qu'en est-il pour le psychomaïeuticien exerçant dans le paradigme de la mutation ? Plusieurs arguments sont avancés en faveur d'une telle connaissance pour tous.

Le premier argument est celui de pouvoir déceler les patients susceptibles de présenter un danger pour eux-mêmes ou pour leur entourage en vue de les orienter vers d'autres professionnels aux compétences différentes, notamment vers un psychiatre. Cet argument est pertinent, mais sa valeur est considérablement atténuée par la difficulté même de construire un diagnostic en matière de souffrance psychique, comme en témoignent les difficultés rencontrées par les psychiatres eux-mêmes, pourtant spécialistes de la maladie mentale, qui n'aboutissent pas toujours, tant s'en faut, au même diagnostic pour un même patient. Pour les psychomaïeuticiens, c'est bien plus dans l'interaction avec leur superviseur que dans la solitude du face-à-face avec le patient que se construit ou se précise la suspicion de danger. Par ailleurs, en cas de suspicion de danger, ils doivent conseiller à leur patient d'aller consulter un psychiatre.

Le second argument est celui de l'intérêt d'une culture générale commune aux différents acteurs du « champ psy » pour faciliter leur communication. Cet argument, en principe pertinent, rencontre deux limites. D'une part, il pose la question délicate du choix de la nosographie à retenir compte tenu de la multiplicité des approches psychopathologiques utilisées aujourd'hui et des suspicions pesant sur les grilles athéoriques comme le DSM. L'absence d'une classification consensuelle rend cet objectif de facilitation de la communication difficilement atteignable. D'autre part, la psychopathologie en tant que science de la souffrance psychique ne concerne qu'une partie des patients suivant une psychothérapie dans le paradigme de la mutation. Elle est donc insuffisante pour pouvoir évoquer l'ensemble des personnes y ayant recours.

Le troisième argument soutient qu'une connaissance en psychopathologie peut aider le psychothérapeute dans le quotidien de sa présence et dans son travail avec les patients voire qu'elle peut être nécessaire à l'action. Or la construction des grandes lignes de la pratique du psychomaïeuticien n'a jamais fait appel à une quelconque typologie des souffrances psychiques. Par ailleurs, le suivi de jeunes psychomaïeuticiens et ayant acquis des bases en psychopathologie montre que les différences fondamentales entre les deux paradigmes entraînent plus de confusion que de soutien dans leur pratique. En effet, la visée mise en œuvre par les psychomaïeuticiens est inhabituelle et exigeante et ils peuvent être tentés, dans les moments difficiles, de s'appuyer sur une connaissance qui ne relève pas du même paradigme et qui ne leur apporte qu'un soutien illusoire. Enfin, dans l'état actuel des connaissances, rien ne permet aujourd'hui d'affirmer, en dehors des convictions personnelles des uns ou des autres, que les connaissances en psychopathologie, acquises aujourd'hui par nombre de psychomaïeuticiens, sont effectivement utilisées dans le vif de l'interaction psychothérapeutique ou même dans l'après-coup de la séance.

Le quatrième argument véhicule l'idée qu'une connaissance en psychopathologie serait susceptible de protéger les patients des risques d'abus de pouvoir, d'escroquerie et de dérives sectaires. Cependant, c'est oublier que la rubrique « faits divers » nous rappelle régulièrement que les psychiatres et les psychologues, qui eut ont des connaissances approfondies en psychopathologie, ne sont pas exempts de telles dérives[3]. Les connaissances académiques, fussent-elles en psychopathologie, ne préservent pas de tels comportements. La psychothérapie personnelle que le psychomaïeuticien a pu faire sur lui-même, sa formation à la pratique et sa supervision continue, dans lesquelles il a pu et peut se mettre au travail de façon approfondie son bien plus à même d'éviter de telles dérives, même s'il est bien évident que le « totalement sécuritaire » reste une utopie.

Si la psychopathologie constitue l'horizon épistémologique et donc une connaissance fondamentale et indispensable pour les psychiatres, les psychologues et les futurs psychothérapeutes légaux, il n'en va pas de même pour les psychomaïeuticiens situés dans un autre paradigme. Les réflexions précédentes ne prétendent pas épuiser les questions de l'utilité et de la nécessité d'une formation en psychopathologie, et en l'état, ces questions méritent de rester ouvertes au moins pour trois raisons.

Les effets d'une connaissance en psychopathologie sur la pratique du psychomaïeuticien restent à évaluer, notamment pour savoir si une telle connaissance constitue un soutien ou, au contraire, une gêne compte tenu de leurs différences paradigmatiques.

Ensuite, la psychothérapie est une discipline récente, mais déjà riche de courants multiples et le travail d'exploration et de compréhension des pratiques psychothérapeutiques actuelles n'en est qu'à ses balbutiements. Répondre prématurément dans un sens ou dans l'autre risque d'influencer ces pratiques alors même que leur exploration et leur compréhension restent à venir.

Enfin, il est probable que les formations à la pratique de la psychothérapie conduisant à pratiquer dans le paradigme de la mutation véhiculent, au moins implicitement, des représentations permettant aux praticiens de s'orienter dans la situation thérapeutique à l'aide d'un repérage plus compatible avec l'approche qu'ils mettent en œuvre que la psychopathologie classique. Il importerait d'ailleurs, tant pour la compréhension de l'approche que pour la clarté des représentations transmises, de mettre à jour ces représen-

[3] Pousin G. (2007), p. 592-593.

tations. Dans ces conditions, il est prématuré d'affirmer qu'une formation en psychopathologie leur est nécessaire, d'autant plus que les avantages d'une telle connaissance ne sont pas clairement évidents.

4. Sur quoi travaillez-vous quand ça va bien ?

Cette question suppose implicitement que, lorsque « ça va mal », le psychomaïeuticien travaille sur « ce qui va mal »... sans doute dans l'espoir que « ça aille mieux ». Ainsi formulée, elle est donc clairement inscrite dans le paradigme traditionnel.

Le choix fondateur du paradigme de la mutation est de considérer que souffrance psychique et développement psychique sont corrélés, de suspendre tout jugement au sujet de cette corrélation et de placer au centre de sa position éthique l'intention d'accompagner et de favoriser ce développement. Ce choix ouvre à une attitude thérapeutique fondée sur une implication humaine ajustée pour être placée au service du patient et sur une visée de conscientisation et de (re)sémantisation de l'expérience du patient dans les différentes situations de la vie du patient, y compris la situation thérapeutique.

Il est normal que la souffrance, les difficultés, les problèmes du patient constituent le sujet central de ses préoccupations. En revanche, supposer que le psychomaïeuticien est, lui aussi, centré sur ces préoccupations et oriente son travail dans cette direction dénote, encore une fois, la prégnance du paradigme traditionnel. Travailler sur le thème de la souffrance, des difficultés, des problèmes constitue seulement un des axes possible, mais non le principal, puisque rien ne dit que c'est en travaillant dans cette direction que l'on favorise le développement psychique.

Autrement dit, que « ça aille mal » ou que « ça aille bien », le psychomaïeuticien œuvre au processus de conscientisation et de sémantisation dans le cadre de l'interaction et de la relation avec le patient et à partir des thèmes qui émergent dans le cours de la séance.

5. En psychothérapie toute la vie ?

Contrairement au développement somatique, achevé à la fin de l'adolescence, le développement psychique se prolonge tout au long de la vie. Jusqu'à la fin, on peut souhaiter se placer dans un dispositif favorisant ce développement et donc poursuivre, débuter ou reprendre une psychothérapie dans le paradigme de la mutation. Une telle démarche pourrait donc se prolonger toute la vie puisque c'est la motivation du patient et non le jugement du praticien qui en détermine la fin. Cependant, l'expérience montre que, tôt ou tard, cette motivation faiblit ou disparaît conduisant à l'arrêt du travail.

Cette perspective de pouvoir prolonger une psychothérapie sur des tranches de vie longue, voire très longues, est parfois regardée avec suspicion : ne s'agirait-il pas d'un abus, d'un embrigadement, d'une captation du patient par le praticien ?

Le fait de pouvoir prolonger ainsi une activité, même payante, jusqu'à la fin de ses jours ne pose habituellement pas problème dans d'autres secteurs : il n'y a rien d'anormal à prendre des cours de langues étrangères ou de piano, ou à reprendre régulièrement des perfectionnements professionnels ou des études, on pensera à l'université du 3ème âge par exemple.

C'est parce que plane une suspicion de manipulation au profit du praticien d'un patient en souffrance et jugé vulnérable que le problème se pose en psychothérapie.

Cependant, si de telles dérives ne sont jamais à exclure, l'éthique du psychomaïeuticien lui impose de soumettre sa pratique à une supervision régulière et continue par un tiers plus expérimenté tout au long de son exercice professionnel, le chapitre suivant reviendra sur ce point. Ce travail de prise de recul sur les situations thérapeutiques qu'il vit l'amène à en questionner différentes facettes et donc à pouvoir mettre à jour et au travail les dérives possibles. Il s'agit d'une des conditions de moyen contribuant à la construction d'un acte psychothérapeutique éthique.

Un tel dispositif n'est pas une garantie absolue contre les dérives possibles, mais elles ne sont alors sans doute ni plus ni moins courantes et graves que dans toute autre activité, y compris médicale. Ainsi, dans le paradigme traditionnel, le soignant peut tout à fait être l'auteur de dérives similaires, l'histoire et les faits divers s'en font d'ailleurs régulièrement l'écho.

6. Faites-vous un diagnostic ?

Dans les activités de soins relevant du paradigme traditionnel, la phase de diagnostic permet au médecin d'identifier les dysfonctionnements, qu'ils soient somatiques ou psychiques, de déterminer leur nature en recherchant leurs causes et leurs effets pour proposer, le cas échéant un traitement visant à rétablir au mieux la santé du patient. Cette phase de diagnostic se déroule à partir de l'implicite, partagé par le patient et le médecin, que ce dernier va mobiliser les meilleures techniques pour tenter de guérir ou de soulager le patient.

Dans le paradigme de la mutation, la distinction santé–maladie n'étant pas retenue et l'acte n'étant pas orienté par l'intention de guérir, une telle phase de diagnostic n'a pas d'équivalent strict.

Cependant, compte tenu, d'une part, du degré d'implication que la pratique demande au psychomaïeuticien et, d'autre part, de la diversité des patients et des demandes, il doit évaluer, au cours du premier contact ou des premiers entretiens, si la démarche peut être mise en route. Ainsi, il valide ou tente de s'assurer que :

- il se sent capable d'accompagner le patient à partir des motifs qui l'amènent à entamer cette démarche,
- il ne vit pas ces difficultés comme trop lourdes, trop inconnues, trop dérangeantes, trop proches de ses propres difficultés actuelles ou passées ou de difficultés traversées par un de ses proches,
- il n'est pas trop affecté par ce patient –trop d'indifférence, trop de désir et d'attirance ou, au contraire, trop d'indifférence voire de rejet, ou autre–,
- il n'y a pas de contre-indication déontologique : il ne le connaît pas et ne le côtoie pas dans d'autres circonstances –familiales, amicales, etc. –,

- il n'y a pas de caractère de dangerosité de la part du patient envers lui-même, ni envers son entourage, y compris envers le praticien lui-même.

La première rencontre avec un psychomaïeuticien se déroule, pour le patient, sur fond paradigme traditionnel, c'est-à-dire de référence à l'articulation santé–maladie et au protocole diagnostic-pronostic-prescription-évaluation. C'est donc de façon évidente et naturelle qu'il peut demander si ce dont il souffre est grave voire s'il est malade, si le travail va durer longtemps, quels résultats il peut en attendre, si c'est la meilleure méthode pour ses difficultés, etc. Situé dans un paradigme radicalement différent, le psychomaïeuticien ne peut pas répondre directement à ces interrogations et il importe qu'il en informe le patient, au moins de façon succincte et dans des termes compréhensibles. Par ailleurs, aux règles communes de la société civile encadrant les rapports sociaux, notamment en situation de dépendance (non-agression, non-passage à l'acte sexuel, etc.), s'ajoutent, dans l'espace thérapeutique, des règles complémentaires spécifiques fixées par le psychomaïeuticien et définissant son cadre de travail (durée des séances, paiement des séances, protocole d'arrêt du travail, possibilités de recours, etc.). Il doit s'assurer que le patient est bien d'accord pour entamer un travail dans ce contexte avec lui.

Le psychomaïeuticien ne pose donc pas de diagnostic à proprement parler, en revanche, il cherche à évaluer avec le patient si la dyade qu'ils forment est opérante. Autrement dit, il s'agit de s'assurer, avec le concours du patient, que les conditions de possibilité d'un travail ensemble sont réunies et non de poser un diagnostic psychopathologique sur ce patient.

7. Ne peut-on rien évaluer du travail avec un psychomaïeuticien ?

Dans le paradigme traditionnel, il est légitime et nécessaire d'évaluer l'évolution d'un patient à qui le traitement a été prescrit pour éventuellement l'ajuster ou en changer. Par ailleurs, la souffrance étant jugée inutile, il est éthique de chercher à offrir aux patients le chemin le plus court vers sa disparition ou, a minima, sa diminution ou son aménagement. Dans ce but, comparer les méthodes de soin et évaluer leur efficacité est nécessaire pour sélectionner les plus efficaces.

Dans le paradigme de la mutation, l'absence de norme encadrant le développement psychique et ses fluctuations imprévisibles rend caduque toute velléité de mesurer, tant objectivement que subjectivement, l'efficacité d'une pratique ou d'un praticien, ou encore de comparer différentes méthodes. Toutefois, il peut être intéressant pour le patient, comme pour le psychomaïeuticien, de tenter d'identifier comment la souffrance ou les difficultés du patient se sont transformées ou, plus globalement, comment sa vie a changé, ou encore ce qu'il a appris au sujet de lui-même, du monde, de son rapport aux autres, etc.[4] Il s'agit bien là d'une forme d'évaluation, mais sa valeur, de par les caractéristiques du développement psychique, ne peut être que qualitative. Par ailleurs, il importe de garder à l'esprit que le processus de mutation psychique est global et non circonscrit à un aspect limité de la vie psychique, de sorte que le changement concerne l'ensemble des secteurs de la vie psychique, que des difficultés inconnues au début peuvent surgir dans le cours du travail donnant le sentiment d'une aggravation ou d'une détérioration.

S'il est possible d'évaluer, au moins en partie et de façon qualitative, le chemin thérapeutique d'un patient dans le paradigme de la mutation, l'absence de norme et les fluctuations du développement rendent sans objet les tentatives d'évaluation de l'efficacité de la psychothérapie, d'une approche ou d'un psychomaïeuticien.

L'évaluation des changements observés par le patient ou par le psychomaïeuticien, peut conduire le patient à estimer que les effets du travail engagé ne répondent pas à ses attentes, en ampleur ou en

---

[4] Il s'agit de la nuance entre l'efficacité, qui concerne la capacité à atteindre un but visé, et l'efficience, qui désigne le fait de produire des effets sans pouvoir a priori définir lesquels. Blanchet A. (2007), p. 538.

rapidité, voire que son état s'est dégradé, et à décider d'interrompre ce travail. Bien que le patient, et parfois aussi le praticien, puisse vivre cette insatisfaction comme un échec de la démarche, les caractéristiques du développement psychique, notamment son imprévisibilité, ne permettent pas de dire qu'il y a là quelque chose d'anormal.

Cette impossibilité d'évaluer l'efficacité d'une intervention ou de la démarche à plus long terme n'autorise pas, pour autant, « tout et n'importe quoi » au seul prétexte que l'on ne peut pas savoir si c'est bon ou mauvais pour le développement du patient, ni a priori ni a posteriori. C'est à nouveau la question de l'éthique du psychomaïeuticien, déjà évoquée plus haut, qui est posée. Pour mettre au travail ses interventions, il dispose de différentes directions d'interpellation et de réflexion : Au profit de qui ai-je fait cette intervention ? Est-ce que j'abuse de la situation ? Quelles possibilités ouvre cette intervention et quelles possibilités ferme-t-elle ?

Ces questions, que tout professionnel du soin devrait se poser, puisqu'elles touchent directement l'éthique, prennent une importance particulière, dans le paradigme de la mutation puisqu'il n'existe pas et ne peut exister de référentiel de « bonnes pratiques »[5] ni de possibilité d'évaluer l'efficacité d'un travail. Dans l'impossibilité de juger la pertinence de ses interventions, il importe que le psychomaïeuticien soumette sa pratique à une supervision régulière dans laquelle est abordé le travail avec les patients lorsqu'il rencontre des difficultés. Mais il est nécessaire qu'il évoque également les situations ne posant apparemment pas problème puisque, comme tout être humain, il n'a qu'un degré de conscience limité de la situation thérapeutique. Il est à nouveau question ici de l'obligation de moyens déjà évoquée plus haut.

[5] Tout au plus pourrait-il exister un référentiel des « mauvaises » pratiques ce que définissent d'ailleurs en partie les codes de déontologie des psychomaïeuticiens.

CHAPITRE 7 – DEVENIR PSYCHOMAÏEUTICIEN

Le terme psychomaïeuticien désigne un professionnel formé à une approche de psychothérapie et la pratiquant en référence au paradigme de la mutation. Il n'existe donc pas actuellement, à proprement parler, de « formation de psychomaïeuticien », mais, sans doute, certains instituts et écoles peuvent-ils reconnaître la formation qu'ils dispensent comme relevant d'une telle orientation. Ainsi, ce chapitre évoque le thème de la formation à partir de l'expérience acquise dans le cadre de l'institut GREFOR[1] dont le repérage développé dans cet essai permet de constater que les étudiants sont formés à pratiquer la Gestalt-thérapie dans le cadre du paradigme de la mutation. Il sera question des compétences requises pour pratiquer la psychothérapie dans cette perspective et des dispositifs pédagogiques mis en place pour y conduire.

Les praticiens des méthodes de psychothérapie nées dans la seconde moitié du siècle dernier, notamment humanistes et relationnelles, ont mis en place des structures et des procédures visant à organiser et réguler collectivement leur activité professionnelle[2]. Ce travail collectif de professionnalisation permet aux praticiens de ces approches de revendiquer une « auto-organisation » ou une « auto-réglementation » de la profession, à distinguer, d'une part, des titres règlementés par la loi, ceux par exemple de médecin, de psychologue et bientôt de psychothérapeute, et d'autre part, des praticiens « auto-proclamés », chacun prétendant alors tirer sa légitimité de lui-même, sans souci de régulation ou de réglementation collective de l'activité. Il n'existe pas actuellement, à proprement parler, d'organisation des psychomaïeuticiens, et les liens entre une telle organisation et les structures de régulation existantes restent à préciser.

---

[1] Gestalt-thérapie-Recherche-Formation : institut grenoblois de formation de gestalt-thérapeutes.

[2] Comme le SNPPsy, la FF2P, le PSY'G, le CEGT, la SFG, etc.

1. Compétences du psychomaïeuticien

Dans le paradigme de la mutation fondé sur une vision de l'homme, de la vie psychique et de son développement –désactivation partielle de la conscience du monde, tant « intérieur » qu'« extérieur », sémantisation incontournable rendant ce monde familier, développement psychique permanent fluctuant de façon imprévisible et vécu comme globalement croissant–, l'acte conduit par le psychomaïeuticien met en œuvre deux axes nécessaires au développement psychique, toujours concomitants et entremêlés : conscientisation du vécu du patient et mise au travail de sa sémantisation du monde dans le cadre des interactions et de la relation qui se développent avec le psychomaïeuticien.

Les chapitres précédents ont relevé que les caractéristiques de la vie psychique et de son développement, rendaient vain l'espoir d'évaluer l'efficacité d'une psychothérapie et, par conséquent, la tentative d'identifier les « meilleures pratiques ». Les fluctuations psychiques et l'issue des mutations étant imprévisibles, en durée, en amplitude et en orientation, le psychomaïeuticien ne peut pas être tenu à une obligation de résultat. En revanche, le souci éthique, lié à sa prétention à prendre soin de personnes en souffrance psychique, le place dans une obligation de moyens pour mettre sa pratique, au service du développement psychique du patient.

Ces moyens dépendent des qualités et compétences attendues du professionnel pratiquant dans le paradigme de la mutation et des précautions dont il faut entourer cette pratique.

Les premières compétences, évidentes, sont des qualités d'écoute, d'accueil et d'empathie. Ces compétences humaines minimales sont complétées par d'autres pouvant paraître contraires à ces premières. En effet, le développement psychique de l'être humain est favorisé par l'interaction et la relation à autrui, un autre existant et en interaction « vivante » avec lui, et non un autre seulement passif et en retrait. Cette dimension requiert, de la part du psychomaïeuticien, une capacité de positionnement, d'implication, parfois de fermeté et de confrontation, qui ne se résume pas à une attitude de retrait bienveillant et d'accueil inconditionnel[3], ni, à l'inverse, à une position autoritaire et directive. Il est inévitablement affecté et mobilisé par le patient. À la fois par l'histoire de ce dernier, par sa personnalité et par les liens et investissements qui se développent du patient vers le psychomaïeuticien et réciproquement. Il doit donc avoir acquis la compétence de mettre au service du développement psychique, les effets sur lui-même de l'interaction et de la relation. Étant impliqué « en direct » dans l'interaction avec le patient, il ne peut différer longtemps ses réactions et ne dispose pas de beaucoup de temps pour réfléchir à ses interventions. Il s'appuie donc sur un savoir-faire et un savoir-être, mais son engagement au niveau humain, dans l'instant de la rencontre, nécessite une spontanéité qui le sollicite dans son être même.

Cependant, personne ne peut prétendre à être conscient de tout ce qu'il éprouve, met en œuvre, conçoit, perçoit, etc. Certains aspects non conscients du vécu du psychomaïeuticien peuvent se manifester à son insu dans la situation psychothérapeutique, ce qui ouvre la question des dispositifs dont il doit entourer sa pratique pour pourvoir tenir compte, autant que faire se peut, ce qui lui échappe de son propre vécu.

La conscientisation et la sémantisation de l'expérience vécue peuvent être à l'œuvre dans toutes les interactions sociales : à l'occasion d'une discussion quotidienne, une personne peut prendre conscience d'une de ses façons de penser, d'agir, de voir, ou d'un aspect de son vécu. Elle peut aussi être amenée à regarder autrement certains aspects du monde ou d'elle-même ou à leur donner un sens différent. Ces opérations, présentes fortuitement dans la vie courante, sont plus systématisées dans la rencontre psychothérapeutique et les approches de psychothérapie ont développé des savoir-faire riches et variés, plus ou moins conscientisés et donc identifiés, pour favoriser ce travail.

La sémantisation du monde, tant « intérieur » que « extérieur », du patient est, a priori, tout aussi valable que celle du psycho-

[3] Attitude qui ne serait d'ailleurs jamais qu'un horizon vers lequel tendre, tant nos vécus et nos réactions peuvent se manifester sans que nous en ayons conscience et affecter le patient à notre insu.

maïeuticien et aucun des deux ne peut être considéré comme détenteur de la vérité, tant aucune « façon de voir le monde » ne peut prétendre être la meilleure ni la bonne façon de voir. Le travail de conscientisation du vécu du patient et d'interpellation de sa sémantisation participe donc d'une construction sociale de la réalité[4]. Il est donc conçu comme un travail de co-construction et non comme la transmission ou l'application des représentations d'un supposé sachant, le psychomaïeuticien, à un supposé ignorant, le patient.

Dans cette perspective, il est nécessaire que le psychomaïeuticien ait mis au travail son rapport à la vérité, qu'il ait développé une capacité à construire avec l'autre et établi une « sécurité intérieure » suffisante pour lui permettre de remettre en cause ses représentations et ses connaissances dans le direct de la rencontre. Ce travail de conscientisation et de sémantisation, « plus technique »[5], se déroule toujours sur fond et à l'occasion de l'interaction et de la relation humaine entre le patient et le psychomaïeuticien. Ce dernier doit donc avoir acquis la compétence de mobiliser ces savoir-faire dans la rencontre sans que cette rencontre perde sa dimension humaine. Pour reprendre les propos d'Éric Bonvin[6], la spécificité de la psychothérapie est d'être « un *savoir en action*, c'est-à-dire une pratique intégrant *in vivo* un *savoir-faire* et un *savoir-être* dans l'instant immédiat de la relation »[7]. Il doit donc « faire corps » avec ces compétences dans une intégration bien plus forte que dans d'autres disciplines dans lesquelles il s'agit seulement d'appliquer un savoir ou un savoir-faire.

Ces différentes considérations permettent de dégager deux catégories de moyens que le professionnel se doit de mettre en œuvre pour pratiquer dans le paradigme de la mutation :

- Les moyens de formation lui permettant de développer les compétences requises pour pratiquer la psychothérapie dans ce cadre de pensée.

---

[4] Berger P., Luckmann T. (2006).

[5] Il s'appuie sur des savoir-faire transmissibles.

[6] Psychiatrie, directeur des Institutions Psychiatriques du Valais Romand, chargé de cours aux universités de Lausanne et de Paris VI.

[7] Bonvin E. (2006), p. 190.

- Les moyens d'accompagnement dont il doit s'entourer pour conduire « au mieux » sa pratique professionnelle au service du développement psychique du patient.

Les sections suivantes déclinent ces deux catégories de moyens.

2. Expérience de vie

Les connaissances et savoir-faire transmis au cours d'une formation sont une synthèse de l'expérience accumulée au fil du temps par les différentes générations de praticiens. La formation doit permettre à l'étudiant de s'approprier cette expérience, par des dispositifs de mise en pratique adaptés à la nature des savoir-faire transmis.

La spécificité de la psychothérapie inscrite dans le paradigme de la mutation est de s'appuyer sur la rencontre humaine entre le patient et le psychomaïeuticien comme moyen important de contribution au développement psychique. Cette rencontre humaine est la rencontre de deux expériences de vie. Or l'expérience de vie ne peut pas faire l'objet d'une accumulation et d'une synthèse par d'autres en vue d'une transmission : l'expérience de vie est une expérience éminemment personnelle dont il est difficile de tirer une connaissance et des savoir-faire transmissibles. L'expérience de vie s'acquiert... par l'expérience de la vie.

Dit autrement, habituellement un étudiant construit une confiance dans ses compétences par l'acquisition de connaissances et de savoir-faire établis et validés par les générations antérieures de praticiens et par la validation de cette acquisition au cours de contrôles et d'examens.

Dans la dimension humaine de l'acte psychothérapeutique, l'étudiant ne peut pas s'appuyer sur une telle expérience construite par ses prédécesseurs. Une partie de sa sécurité intérieure se construit à partir de l'expérience qu'il a de la vie, des événements et épreuves qu'il a traversés, des différentes situations auxquelles il a été confronté, etc. Compte tenu de la diversité des patients, diversité d'âge, de motivations, de situations, d'histoires, etc., le psychomaïeuticien peut se trouver déstabilisé avec le sentiment d'être « trop jeune » ou de n'avoir pas « suffisamment vécu » et se sentir incapable d'accompagner le patient. Dans le paradigme de la mutation, les psychomaïeuticiens ne peuvent donc pas être de jeunes adultes et ce métier constitue la plupart du temps une seconde activité nécessitant une évolution ou une reconversion professionnelle. Les instituts de formation à la pratique e la psychothérapie accueillent d'ailleurs rarement de jeunes étudiants et la moyenne d'âge est souvent située entre quarante et cinquante ans.

3. Psychothérapie personnelle

Comme il a été relevé plus haut, une démarche dans le paradigme de la mutation permet de développer l'autonomie, la capacité à se positionner dans l'interaction avec l'autre, celle de pouvoir remettre en cause ses représentations et celle d'être conscient de son vécu tout en étant attentif à l'autre. À l'évidence, les expériences vécues au cours de sa vie contribuent également à développer ces compétences. Cependant, elles constituent le fondement de la pratique du psychomaïeuticien, et il est donc nécessaire que le futur praticien se soit plongé de façon approfondie dans un dispositif ayant clairement pour objectif de les développer. Dit autrement, avoir lui-même effectué un travail approfondi sur lui-même, dans le paradigme de la mutation, constitue une obligation de moyen pour les futurs praticiens.

Par ailleurs, pour éviter le risque de trop influencer la situation thérapeutique de façon non consciente, il importe que le psychomaïeuticien ait effectué un travail « suffisant », sur plusieurs années, de conscientisation et de sémantisation de son propre vécu, ce qui constitue la seconde raison de la nécessité d'avoir effectué une psychothérapie « suffisamment approfondie » dans le paradigme de la mutation. Cependant, il ne peut espérer avoir un jour achevé ce travail, de sorte que le surgissement, dans sa vie personnelle ou professionnelle, d'éléments perturbants ou souffrants jusqu'alors non conscients, est toujours possible et peut lui imposer de reprendre un travail sur lui-même.

Les investissements du patient envers le psychomaïeuticien, ainsi que les enjeux et aléas de cette relation singulière, sont inhérents à la situation thérapeutique, agissants, que le patient soit en souffrance ou non, et exacerbés par cette situation asymétrique. Ils constituent des axes et des moteurs importants du travail. Bien que ces mouvements affectifs soient spécifiques à chaque patient, avoir éprouvé et traversé lui-même, « de l'intérieur », ces vécus, confère au professionnel une meilleure capacité d'accueil et de respect de l'expérience du patient en lui donnant une connaissance par lui-même, des affects et émois, souvent inattendus et intenses, qui surgissent au cours d'une telle démarche.

Tous ces arguments montrent la nécessité éthique, pour le psychomaïeuticien, d'avoir lui-même suivi une psychothérapie personnelle « suffisamment approfondie » conduite dans le paradigme de la mutation.

Enfin, la psychothérapie personnelle approfondie est l'occasion, pour le patient, d'acquérir implicitement et non consciemment des savoirs, des savoir-faire et des savoir-être, notamment par mimétisme, dont certains, relatifs à la vie quotidienne, lui sont très utiles. D'autres, relatifs à la pratique de la psychothérapie, lui sont généralement peu utiles. En revanche, ces derniers constituent une base importante pour la compétence du futur psychomaïeuticien. Ainsi, dans les groupes de formation, on constate que les étudiants n'ayant pas réalisé un travail suffisamment approfondi dans l'approche à laquelle ils choisissent de se former, se trouvent en difficulté dans le développement des compétences requises pour la pratique.

Pour que ces éléments de savoirs, de savoir-faire et de savoir-être acquis non consciemment dans le cours de la démarche personnelle du futur psychomaïeuticien, ne soient pas agissants à son insu en présence des patients, il importe que ces éléments aient été explicités et mis au travail dans le cursus de formation. Par conséquent, il est nécessaire qu'une partie importante de cette démarche se soit déroulée avant l'entrée en formation. Cette condition est souvent réalisée simplement par le fait que c'est généralement l'expérience d'une psychothérapie pour des difficultés personnelles qui fait découvrir cette pratique et éveille le désir d'en faire son métier.

Cette exigence d'avoir fait une part importante de psychothérapie dans l'approche à laquelle le candidat souhaite se former est parfois regardée avec suspicion et méfiance, notamment par certains qui évoquent une forme d'embrigadement. Mais d'autres domaines ont les mêmes exigences. Par exemple, et sans que ces disciplines soient comparables à la psychothérapie, est-il douteux d'exiger d'un candidat à une formation de moniteur d'un sport de plein air, le ski par exemple, qu'il soit, préalablement à cette formation, un skieur de haut niveau et que le centre de formation refuse un skieur débutant, même sportif de haut niveau dans un autre sport de plein air ? Toutes les approches de psychothérapie ne sont pas équivalentes, chaque approche est une discipline particulière du champ psy, qui développe des qualités spécifiques chez les patients et donc chez ceux et celles d'entre eux qui se formeront à ce métier.

4. Former à une pratique de psychomaïeuticien

4.1. Nécessité d'une formation

Une expérience de vie suffisante et une psychothérapie personnelle approfondie sont nécessaires au développement des qualités attendues du psychomaïeuticien, mais non insuffisantes pour prétendre pratiquer, pour au moins deux raisons :

- Dans l'interaction et la relation, le praticien ne peut pas se contenter d'une attitude habituelle, celle que le patient rencontre au quotidien avec les différentes personnes de son entourage. Tout en se situant dans une dimension clairement humaine, il adopte une attitude qui favorise le développement psychique, attitude spécifique à sa fonction et qu'il lui faut développer.
- La conscientisation et la sémantisation du vécu du patient sont potentiellement à l'œuvre dans toute interaction humaine, mais la systématisation de ce travail demande au professionnel d'avoir acquis un savoir-faire spécifique. Par ailleurs, comme la rencontre thérapeutique se déroule toujours sur fond d'interaction et de relation humaine, ces deux axes de travail doivent être suffisamment intégrés pour pouvoir

être mis en œuvre conjointement, dans le vif et l'immédiat de la rencontre entre le patient et le psychomaïeuticien.

Bien que cela puisse paraître évident, pratiquer la psychothérapie dans le paradigme de la mutation nécessite une formation spécifique. Quelques remarques générales sur les dispositifs pédagogiques permettront de préciser les particularités d'une telle formation.

4.2. Généralités sur les dispositifs pédagogiques

Toute formation transmet des savoirs et des savoir-faire, et parfois des savoir-être, dans des proportions variables en fonction des compétences attendues du professionnel. Les savoir-faire du mathématicien ou du philosophe, par exemple, relèvent essentiellement de la maîtrise de processus de raisonnement intellectuel. Les savoir-faire du chirurgien relèvent des pratiques et des techniques nécessaires à l'accomplissement des interventions chirurgicales. Les savoir-faire des métiers manuels, maçon, menuisier, bijoutier, sont les techniques propres à leurs secteurs d'activité.

Les savoir-faire de l'éducateur spécialisé, de l'instituteur, de l'assistante sociale sont en partie techniques, mais touchent et débordent sur des savoir-être. Si un mathématicien ou un chirurgien peut être irascible sans que sa pratique en pâtisse, ce trait de caractère est plus embarrassant pour l'éducateur spécialisé, l'instituteur ou l'assistante sociale... et plus encore pour le psychomaïeuticien.

Chaque discipline a développé des dispositifs pédagogiques adaptés à la spécificité des compétences attendues des professionnels de cette discipline. Dans tous les secteurs professionnels, de façon explicite ou plus implicite, les savoir-faire sont transmis progressivement en plaçant l'élève ou l'étudiant dans des dispositifs pratiques de complexité croissante et se rapprochant progressivement des « gestes », intellectuels ou manuels, que le professionnel est censé maîtriser. On se rappellera par exemple l'expérience partagée de l'apprentissage des opérations mathématiques de base ou l'apprentissage d'une activité manuelle de loisir et plus encore lorsque cette activité devient professionnelle. Par ailleurs, si la transmission de savoirs se satisfait d'une transmission de masse

–un enseignant délivrant à un amphithéâtre les savoirs que les étudiants sont censés retenir–, la transmission des savoir-faire requiert la mise en œuvre de dispositifs plus individualisés. On pensera au dispositif pédagogique du compagnonnage utilisé dans la formation des artisans ou plus couramment aux « Travaux Pratiques » présents dans de nombreux cursus d'enseignement.

Ces quelques repères permettent maintenant d'évoquer le dispositif pédagogique requis pour que l'étudiant psychomaïeuticien acquière et développe les compétences attendues d'un professionnel de la pratique de la psychothérapie, tout au moins lorsqu'il souhaite exercer dans le paradigme de la mutation.

4.3. Spécificités de la formation de psychomaïeuticien

Dans le paradigme de la mutation, le professionnel mobilise des compétences relevant de deux niveaux distincts. Il existe comme un être humain dans l'interaction et la relation thérapeutique avec une attitude spécifique favorisant le développement psychique du patient et, simultanément, il œuvre à la conscientisation et à la sémantisation du vécu du patient à partir d'un savoir-faire spécifique. Ces deux axes de travail sont mobilisés simultanément et conjointement dans l'instant de la rencontre, sans que le psychomaïeuticien puisse prendre congé momentanément de la situation pour y réfléchir ni différer longtemps ses interventions. Il est engagé dans le vif de l'interaction et c'est dans cet engagement qu'il doit intervenir.

À l'évidence, développer de telles compétences ne relève pas seulement d'un transfert de savoir –de même que les compétences d'artisan ou de chirurgien ne s'acquièrent pas par l'acquisition de savoirs académiques au sujet de l'artisanat ou au sujet de la chirurgie–. La compétence de favoriser la conscientisation et la sémantisation du vécu du patient s'acquiert par une transmission de savoir-faire. En revanche, la compétence de s'engager dans une interaction et une relation vivante, d'être humain à être humain, tout en mettant cette dimension humaine au service du développement psychique du patient relève du développement d'un savoir-être qui constitue sans doute un des enjeux majeurs de la formation de psychomaïeuticien.

La transmission des savoir-faire s'opère habituellement de deux façons. D'une part, implicitement, l'étudiant imite ce qu'il a vu faire par son ou ses psychomaïeuticiens, lorsqu'il a été patient, et par ses formateurs, voire par ses collègues de formation. Compte tenu des mécompréhensions et déformations possibles, des risques de prendre l'accessoire pour l'essentiel, et inversement, il est nécessaire de mettre au travail ces savoir-faire transmis implicitement. D'autre part, les savoir-faire s'acquièrent plus explicitement par l'expérimentation de dispositifs de pratique variés et progressifs. Il en va de même dans d'autres domaines. Par exemple en chirurgie, la maîtrise des gestes du chirurgien s'acquiert progressivement, par des dissections, puis par l'observation d'interventions chirurgicales menées par d'autres et enfin par la réalisation de tout ou partie d'interventions de plus en plus complexes, sous le contrôle constant d'un chirurgien expérimenté. Ce dernier peut, pas à pas, corriger les gestes ou les stratégies opératoires de l'étudiant.

Dans la formation à la pratique de la psychothérapie, ces dispositifs expérientiels, habituellement réalisés entre étudiants d'une même promotion, prennent la forme de situations d'entretiens dans lesquelles les contraintes et consignes données au patient–étudiant et/ou au psychomaïeuticien–étudiant permettent à ce dernier d'explorer différents aspects de la pratique. Certains dispositifs permettent parfois à l'étudiant de pratiquer avec des patients dans des situations plus proches de la réalité de l'exercice professionnel, soit avec les étudiants d'une autre promotion comme patients, soit avec de véritables patients dans des cadres aménagés de psychothérapie.

L'exercice de la psychothérapie dans le paradigme de la mutation demande de pouvoir mobiliser de façon intégrée un savoir-faire et un savoir-être dans le déroulement immédiat de la rencontre avec le patient. Cette spécificité impose de mener le développement de ces deux aspects conjointement. L'immersion des étudiants dans un dispositif pédagogique visant l'acquisition d'un savoir-faire est suivie de la conscientisation et de la sémantisation de leurs vécus qui permet de construire des repères et de mettre à jour d'éventuelles difficultés. Si ces dernières sont importantes, le souci éthique qu'elles ne perturbent pas, dans le futur, la situation professionnelle impose à l'étudiant d'aborder et de mettre au travail ses difficultés dans le cadre plus approprié d'une psychothérapie personnelle, en cours ou à reprendre. Ces moments de construction sociale de repères sont aussi des moments de développement d'une capacité à penser la situation psychothérapeutique.

La nécessité de mettre au travail le vécu des étudiants dans ces différents dispositifs pédagogiques est une spécificité supplémentaire et importante du processus de formation de psychomaïeuticien. En effet, s'il paraît inutile de mettre au travail de façon approfondie le vécu de l'étudiant chirurgien au cours d'une opération ou celui de l'apprenti menuisier devant son établi ou encore celui de l'élève ingénieur devant sa table à dessin, la mise au travail du vécu de l'étudiant psychomaïeuticien est une nécessité éthique.

Dans de tels dispositifs pédagogiques, les repères nécessaires à la pratique de la psychothérapie sont transmis au cours de l'acquisition du savoir-faire et du développement du savoir-être. Il s'agit donc de « savoirs incorporés », pour reprendre une expression heureuse des sociologues, ou de « savoirs en action », et non de connaissances académiques formalisées et transmissibles en cours magistral comme le sont les savoirs d'un corpus théorique plus classique.

En revanche, construire des discours et du sens au sujet de sa pratique constitue un moyen de l'interpeller, de la faire évoluer, de s'y repérer et contribue ainsi à la formation continue du psychomaïeuticien. De telles constructions relèvent de différents champs de connaissances des sciences humaines : les sciences cognitives, la psychologie du développement, la sociologie, l'anthropologie, les sciences du langage, la philosophie, l'épistémologie, la psychiatrie, la psychopathologie et sans doute bien d'autres, sans que l'un ou l'autre de ces domaines de savoir puisse prétendre à une place prépondérante.

Les instituts de formation à une approche de psychothérapie inscrite dans le paradigme de la mutation ont construit, et continuent à construire, au fil du temps, des savoir-faire pédagogiques spécifiques pour accompagner les étudiants à développer un savoir être, à acquérir un savoir-faire et à établir des repères de façon à être capable de mobiliser ces dimensions, conjointement, dans l'instant de la rencontre avec le patient. Ces compétences pédagogiques sont très diverses comme en témoigne le travail de la sociologue Stéphanie Rizet au sujet du courant de la Gestalt-thérapie[8].

4.4. Nécessité d'une formation progressive

Les spécificités de la pratique de la psychothérapie dans le paradigme de la mutation et les qualités attendues du psychomaïeuticien ont conduit à concevoir la construction de sa compétence comme un processus développant conjointement un savoir-faire pratique et un savoir-être intégrés. Cette construction passe par la conduite d'un travail de conscientisation et de sémantisation du vécu de l'étudiant dans les différents dispositifs pédagogiques et par la mise au travail des difficultés rencontrées. Par ces moyens, très voisins de ceux qui sont mis en œuvre dans une psychothérapie menée dans le paradigme de la mutation, et par les investissements que l'étudiant développe envers ses formateurs, ce processus de formation contribue à son développement psychique de l'étudiant, entraînant des changements similaires à ceux observés au cours d'un travail avec un psychomaïeuticien.

Dans la section 4.1 du chapitre 5, traitant de la psychothérapie sous l'angle de l'accélération du développement psychique qu'elle provoque, deux points ont été relevés. D'une part, la séance de psychothérapie stimule le développement psychique qui se poursuit spontanément entre les séances. D'autre part, la progressivité du changement psychique est gage de la possibilité d'évolution sans rupture majeure du système de soutien social et professionnel du patient.

Ces remarques sont également valables pour les cursus de formation de psychomaïeuticiens qui sont généralement organisés sous la forme de sessions de quelques jours espacées de plusieurs semaines. D'une part, le processus de conscientisation et de sémantisation conduit dans les sessions de formation se poursuit entre les sessions. D'autre part, la progressivité des transformations produites par le processus de formation est gage d'une évolution sans rupture majeure du système de soutien socioprofessionnel de

[8] Rizet S. (2007).

l'étudiant. Pour ces raisons, une formation à plein temps pendant plusieurs mois voire plusieurs années n'est pas souhaitable pour l'équilibre des étudiants ni pour le bon déroulement du processus de développement inhérent à une telle formation et nécessaire pour la future pratique professionnelle de l'étudiant.

Un des aspects fondamental de la mutation psychique se produisant au cours de la formation concerne la façon d'appréhender la souffrance et d'en prendre soin. Initialement imprégné du paradigme traditionnel, l'étudiant est amené à mettre au travail cette imprégnation pour développer une compétence à pratiquer dans le paradigme de la mutation. Il s'agit là d'un renversement paradigmatique radical. De façon prévisible, les étudiants par ailleurs médecins, psychologues ou professionnels du secteur paramédical, particulièrement marqués par le paradigme traditionnel dominant dans lequel ils se sont longuement formés, témoignent souvent de difficultés plus importantes que les autres étudiants pour opérer ce renversement.

Ces dernières remarques, ajoutées aux considérations des sections précédentes au sujet du développement d'un savoir-faire et d'un savoir-être fondant la pratique professionnelle dans le paradigme de la mutation, situent le cursus de formation de psychomaïeuticien dans une perspective radicalement différente des cursus de formation visant la transmission de connaissances, notamment scolaires et universitaires. Cette différence répond à la spécificité des compétences et qualités attendues des professionnels formés.

4.5. Particularités de la phase de professionnalisation

Dans le cursus de formation à un métier, il est habituellement possible de proposer aux étudiants d'expérimenter la réalité de l'exercice professionnel auquel il se prépare et donc de faire en sorte que les savoir et savoir-faire acquis soient au plus proche des futures situations réelles[9]. Par exemple, lorsque le chirurgien, ayant acquis la maîtrise d'une intervention au cours d'un processus de

---

[9] Même si plusieurs études montrent qu'il existe un décalage souvent important entre les pratiques transmises dans les formations professionnelles et les pratiques professionnelles effectives, Leplay E. (2006), Mandeville L. (2004).

formation faisant une large part au compagnonnage, opère pour la première fois sans le regard d'un chirurgien expérimenté, c'est bien la même intervention qu'il réalise, l'opération reste « technique-ment » la même. Seule la présence de l'aîné, sans doute rassurante mais peut-être également pesante, a disparu.

En matière de psychothérapie, particulièrement dans le paradigme de la mutation, l'intimité et la confidentialité de la rencontre patient–psychomaïeuticien, ainsi que la caractéristique d'être un accompagnement se déroulant sur plusieurs années, rendent impossible son expérimentation en « grandeur nature » dans le temps du cursus de formation institutionnelle. Or, les meilleurs dispositifs pédagogiques ne rendent que très partiellement compte de la pratique effective. Par conséquent, lorsque le praticien reçoit son premier patient, il y a dans ce moment une différence essentielle avec les dispositifs pédagogiques : il se trouve seul, avec un inconnu, engagé dans un acte dont il ignore la durée, impliqué dans une interaction et une relation dont il n'a pas pu complètement expérimenter l'intensité au cours de son cursus. Il s'agit là d'un saut qualitatif dont l'enjeu et l'impact sont évoqués par tous les jeunes psychomaïeuticiens en tout début de pratique réelle.

Il importe donc de considérer que la phase de formation institutionnelle à la psychothérapie dans le paradigme de la mutation doit être suivie d'une phase de professionnalisation confrontant l'étudiant à la pratique réelle du métier, avant qu'il puisse être considéré pleinement comme un psychomaïeuticien. C'est pour la même raison que les organisations de régulation de la profession de psychothérapeute ont mis en place des dispositifs de validation de cette phase de professionnalisation, appelés titularisation, agrément, certification, qualification ou autre, et permettant d'émarger aux listes des praticiens reconnus par ces organisations[10].

Une telle situation n'est pas rare. Par exemple, en fin de 6ème année les étudiants en médecine sont considérés comme des médecins, mais n'ont pas le droit de s'installer et n'apparaissent pas au tableau tenu par l'Ordre des médecins. C'est seulement la soutenance d'une thèse d'exercice, à l'issue d'une phase de profession-

[10] SNPPsy, FF2P, CEGT, SFG, etc.

nalisation de plusieurs années, pendant laquelle l'étudiant exerce le métier de médecin en CHU et en cabinet médical, qui lui donne accès au tableau de l'Ordre des médecins et donc au titre de médecin.

4.6. Montée en charge progressive de l'activité

Habituellement, dans les formations professionnalisantes, les étudiants sont pleinement opérationnels dès la fin de leur cursus de formation. Même s'il leur reste à acquérir l'expérience de terrain, ils occupent d'emblée un poste à plein temps.

Le psychomaïeuticien est fortement impliqué dans la situation thérapeutique et la section précédente a montré que l'exercice réel ne peut être approché que partiellement dans le cursus de formation institutionnel. Après le démarrage de la pratique, l'augmentation très graduelle du nombre de patients est un gage de pérennité dans la profession. L'exercice de la psychothérapie n'est donc possible à plein temps, de façon sécurisée pour le professionnel et pour les patients, que plusieurs années après le début de la pratique. Pendant ces années de début d'activité, disposer d'une autre activité professionnelle est donc nécessaire à ce démarrage progressif. C'est également une façon de ne pas dépendre pécuniairement du revenu de l'exercice, gage d'accompagnement des patients à leur rythme.

La nécessité du démarrage progressif de l'activité professionnelle d'un psychomaïeuticien, ajoutée à celle d'une expérience de vie suffisante et d'une psychothérapie approfondie préalable à l'entrée en formation, situent l'accès à cette pratique professionnelle dans la perspective d'une reconversion professionnelle plus que dans celle d'une première profession accessible à tout jeunes adultes. Ces pratiques psychothérapeutiques regroupent donc des praticiens aux trajectoires de vie et aux cursus universitaires et professionnels variés, donnant ainsi une riche diversité de réflexions et de points de vue variés.

5. La supervision

Au cours de sa psychothérapie personnelle, puis de sa formation, le psychomaïeuticien a conduit un important travail de conscientisation. Pour autant, il ne peut pas prétendre être conscient de tout ce qu'il perçoit, conçoit, éprouve, pense, met en œuvre, etc. Des aspects non conscients vont inéluctablement se manifester à son insu dans la situation thérapeutique, l'orienter et l'influencer, tant dans la dimension humaine de la rencontre que dans le travail de conscientisation et de sémantisation du vécu du patient. Il importe donc qu'il s'entoure de dispositifs visant à conscientiser, autant que faire se peut, ce qui lui échappe et se manifeste sous différentes formes dans la relation avec le patient. C'est la fonction de la supervision, dispositif dans lequel est évoqué, en présence d'un tiers plus expérimenté, le travail avec les patients. Par exemple, un psychomaïeuticien a l'impression de « tourner en rond » avec un patient, sans comprendre ce qui est en train de se passer ; petit à petit, le travail de conscientisation de son vécu, de ses représentations, de ses actes, conduit par le superviseur, l'amène à prendre conscience du jeu de séduction qui s'est installé entre eux à son insu et, sans doute, à l'insu du patient. Cette prise de conscience va pouvoir être utilisée pour poursuivre le travail de conscientisation de ce dernier.

Dans le paradigme traditionnel, un dispositif d'analyse de la pratique se centrera sur la pathologie du patient, sur les moyens mis en œuvre pour y porter remède, et sur l'évaluation des résultats en faisant abstraction du praticien.

Dans le paradigme de la mutation en revanche, sans idée préconçue des étapes à venir du développement psychique, le processus d'accompagnement est lié à ce qui se déroule dans la rencontre entre le patient et le psychomaïeuticien. La supervision consistera donc principalement à favoriser la conscientisation du vécu des situations thérapeutiques et à mettre au travail les représentations, les attentes, les désirs du praticien mobilisés dans l'interaction et la relation avec le patient. Malgré tout le travail que le professionnel a pu faire sur lui-même, certains patients ou certaines situations peuvent l'affecter profondément. La supervision sera l'occasion d'une prise de recul pour que le travail puisse se poursuivre au service du patient. Cependant, il peut arriver que l'importance des difficultés rencontrées l'amène à reprendre un travail plus approfondi sur lui lui-même.

On notera enfin que le psychomaïeuticien ne peut pas espérer atteindre une conscience telle que rien ne lui échappe. Quelle que soit l'expérience acquise et quelles que soient la durée et l'intensité du travail de conscientisation auquel il se sera soumis auparavant, une part de la situation continue à échapper à sa conscience. Le processus de supervision est donc nécessaire pendant toute la durée de la pratique professionnelle. Dans le paradigme de la mutation, la supervision est donc une condition essentielle de possibilité de l'exercice.

Par le processus de conscientisation et de sémantisation de l'expérience du psychomaïeuticien, la supervision est l'occasion de construire des connaissances au sujet de l'humain, des repères cliniques concernant les patients et la diversité des vécus et des expériences de vie. De plus, au même titre que la psychothérapie personnelle et la formation à la pratique, la supervision a aussi des effets de mutation psychique par les moyens, notamment la conscientisation et la sémantisation, auxquels elle recoure, et par les investissements que le psychomaïeuticien peut développer envers son superviseur.

CHAPITRE 8 – CONCLUSION ET OUVERTURES

Quelles maladies soignez-vous ? Avec quelle réussite ? Quelle est la durée habituelle du traitement ? Votre approche est-elle plus efficace que les médicaments ? Comment savez-vous que la psychothérapie d'un patient est terminée ?

Face à ces questions d'une légitimité évidente, le psychomaïeuticien est souvent embarrassé et interpellé dans son identité et dans sa légitimité professionnelle. En effet, dans sa quête de légitimité[1], il revendique une place de professionnel de la prise en charge de la souffrance psychique, mais, dans le même temps, il lui est difficile, voire impossible de répondre à ces questions de bon sens.

Ces questions, bien qu'évidentes et naturelles, n'ont leur pertinence que dans le paradigme traditionnel, et en particulier dans le paradigme de la guérison dans lequel opère la médecine : centration sur la souffrance et la maladie conçues comme superflues, recherche de leur soulagement ou de leur guérison au plus vite, fondement sur la distinction santé–maladie ou normal–pathologique, nosographie distinguant différentes maladies, nécessité d'appliquer les traitements les plus efficaces, etc.

Les limites et difficultés rencontrées dans le recours à ce paradigme en matière de souffrance psychique, ainsi que les connaissances produites par la recherche scientifique en psychologie au cours de cette dernière décennie, ont permis de construire une autre façon d'appréhender la souffrance psychique et de la prendre en charge.

[1] Champion F. (2005).

1. Paradigme de la mutation et champ des psychothérapies

Sans revenir en détail sur le paradigme de la mutation, ni sur les principales caractéristiques de la pratique mise en œuvre par le psychomaïeuticien, il importe de rappeler sa situation par rapport au paradigme traditionnel.

Le choix de prendre soin du patient souffrant en accompagnant son développement psychique sans viser à atteindre un état prédéfini –santé, équilibre, normalité, absence de problème ou autre– ; l'impossibilité de recourir à une distinction santé–maladie ou normal–pathologique en matière de développement psychique ; enfin, le fait que la psychopathologie ne constitue pas l'épistémologie de la psychothérapie conduite dans le paradigme de la mutation, constitue un triple clivage éthique, anthropologique et épistémologique avec le paradigme traditionnel, qui situe la pratique du psychomaïeuticien radicalement hors du champ médical et du champ de la psychologie clinique.

La difficulté du psychomaïeuticien, pour répondre aux différentes questions apparemment évidentes et légitimes évoquées au début de cette conclusion trouve son origine dans la différence paradigmatique radicale dans laquelle il se situe, par rapport au contexte implicite dans lequel ces questions sont posées.

Cette ligne de clivage permet de construire un repérage complémentaire à la distinction introduite par la loi réglementant l'usage du titre de psychothérapeute puisque, désormais, tout laisse à penser que la psychothérapie mise en œuvre par un psychothérapeute légal s'inscrira dans le paradigme traditionnel alors que la pratique du psychomaïeuticien relève du paradigme de la mutation. Comme déjà noté plus haut, cette distinction ne correspond pas strictement aux lignes de partage qui parcourent le champ des psychothérapies. S'il est probable que la pratique de certains « psychothérapeutes relationnels » s'inscrive dans le paradigme de la mutation, d'autres se reconnaîtront dans le paradigme traditionnel. Il est aussi probable que certains psychiatres et psychologues se reconnaissent plus dans le paradigme de la mutation plutôt que dans le paradigme traditionnel. En ce sens, cet essai espère contribuer à la recomposition du champ des psychothérapies, recomposition rendue incontournable par l'aboutissement du processus de réglementation amorcé à l'automne 2003. On notera cependant qu'il ne propose pas de solution pour les praticiens de la psychothérapie œuvrant dans le paradigme traditionnel, tout en ne répondant pas aux critères leur permettant d'user du titre légal de psychothérapeute : être titulaire d'un diplôme de médecin ou de psychologue. Autrement dit, le terme psychomaïeuticien, clairement inscrit dans le paradigme de la mutation, ne peut pas être considéré comme un possible substitut direct de celui de psychothérapeute en voie de réglementation.

Ces chapitres, consacrés à la construction d'un autre paradigme pour appréhender la souffrance psychique et en prendre soin, ne visent pas à mettre en concurrence le paradigme traditionnel et le paradigme de la mutation, ni, a fortiori, à affirmer une quelconque supériorité de l'un ou de l'autre. Ces deux paradigmes distinguent des pratiques déjà mises en œuvre depuis plusieurs décennies, chacune ayant ses raisons d'être et son efficience. Toutefois, dans cette période de réglementation et de médicalisation de la société, c'est l'attitude de l'ensemble des personnes concernées par la souffrance psychique, les patients, les professionnels du champ médical, les politiques, les universitaires, les chercheurs, etc., qui décidera de la possibilité de voir continuer à cohabiter ces deux paradigmes.

2. Paradigme de la mutation et définition de la santé

Le préambule de 1946 de la constitution de l'Organisation Mondiale de la Santé (O.M.S.) définit la santé comme « un état de complet bien-être physique, mental et social [et] qui ne consiste pas seulement en une absence de maladie ou d'infirmité ». Ambitieuse, voire utopique, cette définition renvoie sans doute nos sociétés occidentales, dites évoluées, au rang de pays sous-développés en matière de santé et réduit drastiquement la proportion de la population en bonne santé : qui d'entre nous peuvent se considérer en état de complet bien-être physique, mental et social ?

La promotion de la santé ainsi définie concerne différents champs d'activités non nécessairement médicaux selon que l'on considère cet « état de complet bien-être physique, mental et social » comme relevant de la personne individuellement, des réseaux sociaux dans lesquels elle s'inscrit, ou du contexte sociétal de son existence.

En France, les médecins sont les seuls « professionnels de la santé autorisés » et la loi leur attribue le monopole de l'art de guérir depuis 1892. Bien que la définition de la santé retenue par l'OMS dépasse largement le cadre de la médecine actuelle, le champ de la santé est habituellement pensé, en France, à partir de la perspective médicale.

Pour l'O.M.S., la santé mentale fait l'objet d'un large éventail d'activités qui relèvent directement ou indirectement du « bien-être » tel qu'il figure dans la définition précédente et englobe la promotion de ce bien-être, la prévention des troubles mentaux, le traitement et la réadaptation des personnes atteintes de ces troubles. Concernant un spectre de problèmes extrêmement large, cette notion de « santé mentale » est des plus confuse[2].

Dans cette perspective large définie par l'O.M.S., la pratique du psychomaïeuticien, comme celle de l'assistante sociale, de l'éducateur spécialisé, et de bien d'autres, est une pratique qui relève clairement de la santé mentale bien qu'elle se situe radicalement hors du champ médical.

3. Directions de réflexion et de recherche

Au terme de cet essai, plusieurs directions de réflexion et de recherches restent ouvertes.

La description de la pratique du psychomaïeuticien, esquissée dans ces pages, reste très générale puisqu'elle vise à définir une famille de pratiques s'inscrivant dans le paradigme de la mutation.

[2] Ehrenberg A. (2004).

Il reste donc à décrire plus précisément comment chacune des pratiques, se reconnaissant dans ce paradigme, la met en œuvre. Ce travail est d'autant plus nécessaire que l'intimité et la confidentialité de la situation psychothérapeutique ainsi que la durée d'une psychothérapie réalisée dans ce paradigme rendent impossible un accès *in vivo* à ces pratiques. Une telle nécessité soulève la question de la méthode à employer pour construire de tels récits de façon à réduire, autant que faire se peut, l'écart entre ces récits au sujet de la pratique et la pratique effective[3].

Le même travail est sans doute à conduire au sujet des formations de psychomaïeuticiens dont les sections précédentes ont montré qu'elles ne se réduisent pas à une simple transmission de connaissances et qu'elles permettent l'acquisition d'un savoir-faire et le développement d'un savoir-être. Les différents instituts de formation ont développé des savoir-faire pédagogiques mais aussi, des savoir-être pédagogiques, qui mériteraient d'être explicités tant pour être mieux connus que pour pouvoir être discutés, confrontés et améliorés.

Il est probable que les deux axes précédents bénéficieraient d'une collaboration étroite avec l'université dans laquelle des chercheurs de différentes disciplines pourraient construire des connaissances au sujet de la pratique psychothérapeutique dans le paradigme de la mutation et de la formation de psychomaïeuticiens à partir du point de vue propre à leur discipline. De telles recherches pourraient être menées par des sociologues, des anthropologues, des psychologues, des philosophes, des épistémologues, des médecins, des ethnologues, des linguistes, etc., sans que l'une ou l'autre des disciplines concernées puisse prétendre à une place prépondérante.

[3] Brissaud F. (2007), p. 263-290.

BIBLIOGRAPHIE

ADAM Philippe, HERZLICH Claudine (1994), *Sociologie de la maladie et de la médecine*, réédition 2007, Collection universitaire de poche, Armand Colin.

AFFOP (2004), *Livre blanc de la profession de psychothérapeute*, Éditions l'Exprimerie, Bordeaux.

ALLAMEL-RAFFIN Catherine, LEPLÈGE Alain (2008), *Histoire de la médecine*, Sciences, DUNOD.

AUGÉ Marc, HERZLICH Claudine (1984), *Le sens du mal – Anthropologie, histoire, sociologie de la maladie*, réédition 1994, Collection Ordres sociaux, Éditions des archives contemporaines.

APA (2004), *DSM-IV-TR Manuel diagnostique et statistique des troubles mentaux – Texte révisé*, Auteur : American Psychiatric Association, Masson.

AMBROSELLI Claire (1988), *L'éthique médicale*, Presses Universitaires de France.

BEAUCHESNE Hervé (1986), *Histoire de la psychopathologie*, Paris, Presses Universitaires de France.

BERGERET Jean (1985), *La personnalité normale et pathologique*, DUNOD.

BERGER Gaston (1952), *Traité pratique d'analyse du caractère*, Presses Universitaires de France.

BERGER Peter, LUCKMANN Thomas (2006), *La construction sociale de la réalité*, Éditions Armand Colin (édition originale 1966).

BERTHOZ Alain (2008), *Au commencement était l'action*, dans LDR (2008).

BLANCHET Alain, THOMASSIN Patrick (2007), *Pragmatique et psychothérapie*, dans Ionescu S. et Blanchet A. (2007).

BLECH Jörg (2005), *Les inventeurs de maladie – Manœuvres et manipulations de l'industrie pharmaceutique*, Actes Sud.

BONVIN Éric (2006), *Pour une initiation propédeutique à la relation thérapeutique – Transmettre l'art de l'influence*, revue Psychothérapies, Vol. 26, N° 4, Éditions Médecine & Hygiène, Genève.

BOURASSA Bruno, SERRE Fernand, ROSS Denis (1999), *Apprendre de son expérience*, Presses de l'Université du Québec, Sainte Foy.

BOURDIN Dominique (2002), *Les jeux du normal et du pathologique – Des figures classiques aux remaniements contemporains*, Éditions Armand Colin – Collection Cursus.

BRIFFAULT Xavier, LAMBOY Béatrice (2008), *Les psychothérapies en France. Données quantitatives*, dans F. Champion et al. (2008).

BRIFFAULT Xavier, THURIN Monique, LAPEYRONNIE Brigitte, THURIN Jean-Michel (2007), *Nouvelles perspectives pour la recherche en psychothérapie : évaluation d'un protocole de recherche et proposition d'un dispositif méthodologique et technique*, Revue l'Encéphale, Vol. 33 (6), Décembre 2007.

BRIOT Maryvonne (2006), *Rapport sur le bon usage des médicaments psychotropes*, Rapport de l'office parlementaire d'évaluation des politiques de santé, Assemblée Nationale N° 3187 et Sénat N° 422, juin 2006.

BRISSAUD Frédéric (2007), *Construire des récits de psychothérapie – Vers une autre articulation entre pratique et théorie en Gestalt-thérapie*, TheBookEdition.

BROCLAIN Dominique, COUSIN Saskia (2008), *Maladie, EspacesTemps.net,* Mensuelles, décembre 2008.

CASTEL Pierre-Henri (2004), *Psychanalyse et psychothérapies : que sait-on des professions sur lesquelles on veut légiférer ?*, Revue ESPRIT, mai 2004.

CANGUILHEM Georges (1943), *Le normal et le pathologique*, Presses Universitaires de France.

CENAC Arnaud, CHASTEL Claude (1998), *Histoire de la médecine – Introduction à l'épistémologie*, Éditions Ellipses, Collection Sciences humaines en médecine.

CHAMPION Françoise (2005), *Les psychothérapeutes en recherche de reconnaissance professionnelle – La difficile construction d'une légitimité*, Rapport CESAMES-CNRS-INSERM.

CHAMPION Françoise (2008), *Pourquoi tant de déchirements ?*, Dans Champion F. et al (2008).

CHAMPION Françoise et al. (2008), *Psychothérapie et société*, Sociétales, Armand Colin Éditeur.

CHEVALIER P., DEBAUCHE M. (2008), *Éditorial : Prévention ou façonnage des maladies*, dans MINERVA (2008).

CLÉRY-MELIN Philippe, KOVESS Vivianne, PASCAL Jean-Charles (2003), *Plan d'action pour le développement de la psychiatrie et la promotion de la santé mentale*, Rapport remis au ministre de la santé.

CORON Olivier, MARSAUCHE Rose-Marie, POMMERET Geneviève (1998), *La douleur dans tous ses erratas*, Congrès de soins palliatifs, Embrun 17 novembre 1998.

DARMON Muriel (2006), *La socialisation*, Collection universitaire de poche, Armand Colin.

DELEAU Michel (2006), *Psychologie du développement – 2ème édition*, Éditions Bréal – Collection Grand Amphi Psychologie.

DHOS (2002), *Recommandations d'organisation et de fonctionnement de l'offre de soin en psychiatrie pour répondre aux besoins de santé mentale*, Direction des hôpitaux et de l'offre de soin, mars 2002.

DSM-IV (2004), *Mini DSM-IV-TR – Critères diagnostics – Version française complétée des codes CIM-10*, Masson, traduction française par J-D. Guelfi et *al*.

DUPOND MUZART François-Régis (2009), *L'article 52 de la loi du 9 août 2004 modifié en 2009 : un TRIOMPHE de l'Académie de médecine et du Conseil national de l'ordre des médecins sur les psychologues quant au titre de psychothérapeute, et dès lors quant aux psychothérapies dans le système de santé ?*, Document Internet, www.frdm.fr, version du 24 juin 2009.

DURUZ Nicolas, GENNART Michèle (2002), *Traité de psychothérapie comparée*, Éditions Médecine & Hygiène, Genève.

EC (2008), *L'invention des maladies*, Revue Ethica Clinica – Revue francophone d'éthique des soins de santé, N° 51.

EGP (2003), *La psychiatrie et la relation soignante*, rapport pour les États généraux de la psychiatrie, mai 2003.

EHRENBERG Alain (1998), *La fatigue d'être soi - Dépression et société*, Éditions Odile JACOB.

EHRENBERG Alain (2004a), *Remarques pour éclaircir le concept de santé mentale*, Revue française des affaires sociales – Psychiatrie et santé mentale, Innovations dans le système de soins et de prise en charge, N° 1 janvier-mars 2004.

EHRENBERG Alain (2004b), *Les changements de la relation normal-pathologique. À propos de la souffrance psychique et de la santé mentale*, Revue ESPRIT, mai 2004.

EHRENBERG A., LOVELL A. M. (2001), *La maladie mentale en mutation – Psychiatrie et société*, Éditions Odile Jacob.

FASSIN Didier (1990), *Maladie et médecine*, dans Fassin D., Jaffré Y. (1990).

FASSIN Didier, JAFFRÉ Yannick (1990), *Sociétés, développement et santé*, Collection Médecine tropicale, Éditions Ellipses.

FERRÉOL Gilles & al. (2002), *Dictionnaire de sociologie*, Éditions Armand Colin.

FOUCAULT Michel (1972), *Histoire de la folie à l'âge classique*, Gallimard, Paris.

FUSSINGER Catherine (2008), *Quelle place pour la formation dans les réglementations sur l'exercice de la psychothérapie ?*, dans F. Champion et al. (2008).

GALLOIS Pierre (2008), *L'indispensable expertise généraliste*, revue « Médecine », numéro de janvier 2008.

GARDIEN Ève (2008), *L'apprentissage du corps après l'accident*, Presses Universitaires de Grenoble – Collection handicap, vieillissement, société.

GASSER J., STIGLER M. (2001), *Diagnostic et clinique psychiatrique au temps du DSM*, Dans, Ehrenberg A., Lovell A. M. (2001).

GEKIERE Claire (2008), *La passion classificatrice : une maladie contemporaine ?*, dans EC (2008).

GDSH (2009), *Les psychothérapies – Guide et bilan critique*, Les Grands Dossiers des Sciences Humaines, Numéro trimestriel N° 15 de la revue Sciences Humaines, juin-juillet-août 2009.

GIRAUX Pascal, SIRIGU Angela (2003), *Les mains dans la tête*, revue La Recherche N° 366 – juillet 2003.

GORI Roland (2008), *Norme psychiatrique en vue*, Article du Journal Le Monde du 4 mai 2008.

GREBOT Elisabeth, ORGIAZZI BILLON-GALAND Isabelle (2001), *Les bases de la psychopathologie – Éléments historiques, notionnels et théoriques*, Presses Universitaires de Grenoble.

GROSBOIS Philippe (2000), *Psychologues, psychiatres, députés de l'opposition et titre protégé de « psychothérapeute » ou de la confusion entre titre et fonction*, Psychologues et Psychologies, N° 151.

GROSBOIS Philippe (2007), *Entretien avec Guy Rouquet sur les enjeux et incidences de la réglementation du titre de psychothérapeute*, Site Internet de « Psychothérapie vigilance.com » (www.psyvig.com).

HANSON Bernard (2008), *L'invention des maladies*, dans EC (2008).

HCSP (2000), *Les médecins aujourd'hui en France*, Revue ADSP N° 32 – septembre 2000.

HCSP (1994), *La santé en France - Rapport général*, La Documentation française – Paris, 1994.

HERSKOVITS Melville J. (1967), *Les bases de l'anthropologie culturelle*, Payot, Paris.

HERZLICH Claudine (1969a), *Santé et maladie – Analyse d'une représentation sociale*, réédition 2005, Éditions de l'EHESS, Paris.

HERZLICH Claudine (1969b), *Médecine, maladie et société*, Paris-La Haye, Mouton.

HUAS Dominique, RUEFF Bernard (2005), *Abord clinique des malades de l'alcool en médecine générale*, Springer-Verlag, France.

INSERM (2004), *Psychothérapie – Trois approches comparées*, Collectif Inserm.

IONESCU Serban (2005), *14 approches de la psychopathologie*, Éditions Armand Colin – Collection Cursus.

IONESCU Serban, BLANCHET Alain (2007), *Psychologie clinique, psychopathologie et psychothérapie – Nouveau cours de psychologie – Master*, Presses Universitaires de France.

JEANNEROD Marc (2009), *Les psychothérapies changent le cerveau*, dans GDSH (2009).

KALTENBECK Franz, MOREL Geneviève (2004), *L'impossible loi de M. Accoyer*, revue Savoirs et clinique – L'enfant devant la loi, N° 4–2004/1, Éditions Érès, Ramonville.

KIRK S.A., KUTCHINS H. (1997), *Making Us Crazy : DSM : The Psychiatric Bible and the Creation of Mental Disorders*, New-York, Free Press.

KIRK S.A., KUTCHINS H. (1998), *Aimez-vous le DSM ? Le triomphe de la psychiatrie américaine*, Traduit par Ralet O., et Gille D., Les Empêcheurs de penser en rond.

KOVESS-MASFÉTY Viviane (2008), *Où commence la pathologie ?*, dans GDSH (2009).

KUHN Thomas S. (1983), *La structure des révolutions scientifiques*, Flammarion.

LACAN Jacques (1966), *Variante de la cure type*, Écrits, Seuil.

LALIBERTÉ Vincent (2006), *Éditorial*, Globe & Med – Le journal des étudiants et étudiantes en médecine de l'Université de Laval, Vol. 17, N° 6, octobre 2006.

LAMBERT Philippe (2006), *La plasticité cérébrale*, revue Sciences Humaines, Les grands dossiers des sciences humaines, trimestriel N° 3.

LANE Christopher (2007), *Shyness. How normal behavior became a sickness*, Traduit de l'anglais par François Boisivon, *Comment la psychiatrie et l'industrie pharmaceutique ont médicalisé nos émotions*, Bibliothèque des savoirs, Flammarion, 2009.

LAPLANTINE François (1986), *Anthropologie de la maladie*, réédition 1992, Bibliothèque scientifique, Payot.

La recherche (2003), *Les frontières de la conscience*, numéro spécial de la revue La Recherche, mensuel N° 366 – juillet-août 2003.

La recherche (2008), *La conscience – Exploration au centre du cerveau*, revue La Recherche, Les dossiers de la recherche, trimestriel N° 30 – février 2008.

LECOMTE Conrad, DROUIN Marc-Simon (2007), *Psychothérapies humanistes*, dans Ionescu S. et Blanchet A. (2007).

LE SENNE René (1945), *Traité de Caractérologie*, Presses Universitaires de France.

LDR (2008), *La conscience – Exploration au centre du cerveau*, Les Dossiers de la Recherche, Numéro trimestriel de La Recherche, février 2008.

LE MOIGNE Philippe (2008), *L'efficacité thérapeutique – La psychopathologie, de l'expérimentalisme à l'évaluation*, dans Champion F. (2008).

LEPLAY Éliane (2006), *Co-construction de savoirs professionnels par la recherche – Vers un dispositif expérimental en formation initiale de travailleurs sociaux*, Esprit Critique, Vol. 08 - N° 01.

LERICHE René (1937), *La chirurgie de la douleur.*

MALEVAL Jean-Claude (2005), *De l'extension du champ «psy» et de ses clivages*, Cliniques méditerranéennes N° 71.

MALLET Donatien (2008), *La maladie : une coconstruction médico-pharmaceutique*, dans EC (2008).

MALSON Lucien (1964), *Les enfants sauvages*, Union générale d'éditions, Collection 10/18, Paris.

MANDEVILLE Lucie (2004), *Pour que la formation rejoigne la pratique*, Dans : *Apprendre autrement – Pourquoi et comment*, Ouvrage collectif sous la direction de Mandeville L., Presses de l'Université du Québec, Sainte Foy.

MARMON Jean-François (2009), *« Guerre des psys », à quand l'armistice ?*, dans GDSH (2009).

MARTINAZ-CONDE Susana (2008), *Voir le monde autrement*, revue Cerveau et Psycho, N° 25, février 2008.

MÉNÉCHAL Jean (1997), *Introduction à la psychopathologie*, Paris, Dunod.

MEURISSE Marie-Françoise (2008), *Les étranges contours de la maladie mentale*, dans EC (2008).

MINERVA (2008), Revue d'Evidence-Based Medicine, Vol. 7 - N° 7, septembre 2008.

MOYNIHAN Ray, CASSELS Alan (2005), *Selling sickness : How the world's biggest pharmaceutical companies are turning us all into patients*, Greystone Books, Vancouver-Toronto.

MOYNIHAN Ray, CASSELS Alan (2006), *Pour vendre des médicaments, inventons des maladies – Les nouvelles techniques publicitaires* , Le Monde Diplomatique, mai 2006.

OLDS Sally W., PAPALIA Diane E. (2004), *Psychologie du développement humain – 6ème édition*, Éditions Beauchemin – Traduction de 2005.

PARRY Vincent (2003*), The art of branding a condition*, Medical Marketing & Media, Londres, mai 2003.

PAYER Lynn (1992), *Disease-Mongers : How Doctors, Drug Companies, and Insurers are Making You Feel Sick*, John Wiley & Sons.

PETITMENGIN Claire (2006), *De l'activité cérébrale à l'expérience vécue*, revue Sciences Humaines, Les grands dossiers des sciences humaines, trimestriel N° 3.

PERLS Frederick, HEFFERLINE Ralf, GOODMAN Paul (1951), *Gestalt therapy*, Julian Press Inc., New York.

PESTRE Dominique (2006), *Introduction aux Sciences Studies*, Éditions La Découverte - Repères.

PHELAN Jo C., LINK Bruce G. (2004), *Facteurs sociaux intervenants dans la qualification des comportements déviants*, dans « Santé mentale et société », N° 899, avril 2004, La documentation française.

PIGNARRE Philippe (2006), *Comment « solidifier » le savoir psy ? Le rôle des associations de patients*, Colloque d'ethnopsychiatrie : « La psychothérapie à l'épreuve des usagers » organisé par le Centre Georges Devereux, octobre 2006.

PIGNARRE Philippe (2001), *Comment la dépression est devenue une épidémie*, La Découverte, Paris.

POUSIN Gérard (2007), *Déontologie*, dans Ionescu S. et Blanchet A. (2007).

Pour la science (2006), *Spécial cerveau – Des fenêtres sur la conscience*, numéro spécial de la revue Pour La Science, décembre 2002.

RIZET Stéphanie (2007), *Les écoles et instituts de formation à la Gestalt-thérapie – Représentations de la formation ; politiques de formation*, Laboratoire de changement social, Université Paris 7-Denis Diderot.

ROGERS Carls (1951), *Client-Centered Therapy : Its Current Practice, Implications, and Theory*, Boston, MA, Houghton Mifflin.

ROGERS Carls (1957), *The Necessary and Sufficient Conditions of Therapeutic Personality Change*, dans Journal of Consulting and Clinical Psychology - Washington, DC, N° 21, p. 95-103, paru en français sous le titre, *Conditions nécessaires et suffisantes d'un changement de personnalité en psychothérapie*, dans Hommes et Techniques, N° 169, p. 150-157.

ROGERS Carl (1972), *Le développement de la personne*, Dunod.

ROSSI Jean-Pierre (2006), *La reconnaissance des visages*, revue Sciences Humaines, Les grands dossiers des sciences humaines, trimestriel N° 3.

ROSSION Bruno (2008), *La reconnaissance des visages*, revue Cerveau et Psycho, N° 25, février 2008.

ROULIN Jean-Luc (2006), *Psychologie cognitive – 2ème édition*, Éditions Bréal – Collection Grand Amphi Psychologie.

SCIALLI Tony, FUGH-BERMAN Adriane (2001), *La périménopause : L'invention d'une maladie*, traduction d'un article paru dans la revue The Network News publiée par le National Women's Health Nerwork, États-Unis.

ST-ARNAUD Yves (2004), *L'atelier de praxéologie*, Dans L. Mandeville (2004).

STENGERS Isabelle (2006), *Usagers : Lobbies ou création politique ?*, Colloque d'ethnopsychiatrie, La psychothérapie à l'épreuve des usagers organisé par le Centre Georges Devereux, octobre 2006.

STERNBERG Robert J. (2003), *Manuel de psychologie cognitive – Du laboratoire à la vie quotidienne*, Éditions De Boeck Université – Traduction de 2007.

TATE Peter (2005), *Soigner (aussi) sa communication – La relation Médecin | Patient, 4ème édition*, De Boeck.

THURIN Monique, LAPEYRONNIE-ROBINE Brigitte, THURIN Jean-Michel (2006), *Mise en place et premiers résultats d'une démarche naturaliste en réseau répondant aux critères actuels de qualité méthodologique*, Bulletin de psychologie, 59(6).

THURIN Jean-Michel (2008), *L'évaluation des psychothérapies : la « révolution » en cours*, dans F. Champion et al. (2008).

VAILLANT G. E. (2003), *Mental Health*, American Journal of Psychiatry, août 2003.

VANDENPLAS-HOLPER Christiane (1998), *Le développement psychologique à l'âge adulte et pendant la vieillesse – Maturité et sagesse*, Presses Universitaires de France, Paris.

VERMERSCH Pierre (1999), *Pour une psychologie phénoménologique*, Psychologie Française.

VERMERSCH Pierre (2000), *Définition, nécessité, intérêt, limite du point de vue en première personne comme méthode de recherche*, Expliciter N° 35 – Journal du GREX, mai 2000.

VERMERSCH Pierre (2004), *Prendre en compte la phénoménalité : propositions pour une psycho phénoménologie*, Expliciter N° 57 – Journal du GREX, décembre 2004.

WINNICOTT Donald Woods (2006), *La mère suffisamment bonne*, Payot-poche 2006.

ZOLA Irving (1966), *Culture and Symptoms. An Analysis of patients' Presenting Complaints*, American Sociological Review, 1966, vol. XXXI, p. 615-630 ; traduit dans C. Herlich (1969), *Médecine, maladie et société*, Paris-La Haye, Mouton, p. 27-41.

TABLE DES MATIÈRES

L'HARMATTAN, ITALIA
Via Degli Artisti 15 ; 10124 Torino

L'HARMATTAN HONGRIE
Könyvesbolt ; Kossuth L. u. 14-16
1053 Budapest

L'HARMATTAN BURKINA FASO
Rue 15.167 Route du Pô Patte d'oie
12 BP 226 Ouagadougou 12
(00226) 76 59 79 86

ESPACE L'HARMATTAN KINSHASA
Faculté des Sciences Sociales,
Politiques et Administratives
BP243, KIN XI ; Université de Kinshasa

L'HARMATTAN GUINEE
Almamya Rue KA 028 en face du restaurant le cèdre
OKB agency BP 3470 Conakry
(00224) 60 20 85 08
harmattanguinee@yahoo.fr

L'HARMATTAN COTE D'IVOIRE
M. Etien N'dah Ahmon
Résidence Karl / cité des arts
Abidjan-Cocody 03 BP 1588 Abidjan 03
(00225) 05 77 87 31

L'HARMATTAN MAURITANIE
Espace El Kettab du livre francophone
N° 472 avenue Palais des Congrès
BP 316 Nouakchott
(00222) 63 25 980

L'HARMATTAN CAMEROUN
Immeuble Olympia face à la Camair
BP 11486 Yaoundé
(00237) 99 76 61 66
harmattancam@yahoo.fr

L'HARMATTAN SENEGAL
« Villa Rose », rue de Diourbel X G, Point E
BP 45034 Dakar FANN
(00221) 33 825 98 58 / 77 242 25 08
senharmattan@gmail.com